CRISTIANO RONALDO
ORGUEIL, GLOIRE ET PRÉJUGÉS

Directeur : Jean-Louis Hocq
Responsable d'édition : Benoît Bontout
Assistante d'édition : Chloé Herbin
Couverture : Thierry Sestier
Mise en pages : Nord Compo
Fabrication : Emmanuelle Laine

Première édition parue en 2014 aux Éditions Solar.

ISBN : 978-2-263-06989-5
Code éditeur : S06989
Dépôt légal : mai 2015

Retrouvez-nous sur www.solar.fr

Solar | un département **place des éditeurs**

place
des
éditeurs

CRISTIANO RONALDO
ORGUEIL, GLOIRE ET PRÉJUGÉS

ANTOINE GRYNBAUM
et
MARCO MARTINS

SOLAR
EDITIONS

AVANT-PROPOS

De Madère au Real, un destin hors norme

Il a trente ans et il est devenu l'icône du football business. Triple Ballon d'or (2008, 2013 et 2014), joueur exceptionnel, il divise, fait émerger des clivages. À la fois joueur que l'on adore et que l'on aime détester. Un footballeur égocentrique, qui ne pense qu'à sa propre prestation, mais dont on ne peut se passer. Né à Madère dans une famille modeste, joueur dès l'âge de huit ans, sa chance s'appelle Alex Ferguson, le manager historique de Manchester United qui décèle en lui d'incroyables facultés physiques et techniques.

Des coulisses de sa formation au Sporting à son statut de star assumée au Real et en équipe du Portugal, en passant par son départ en Angleterre et à cette relation filiale avec Ferguson, sans oublier sa rupture avec José Mourinho ni les dessous de la course au Ballon d'or et la rivalité qu'il entretient avec Messi, il y a tant de choses à dire, à raconter, à révéler sur ce joueur à l'ego surdimensionné. Son parcours, ses zones d'ombre, ses relations dans le monde du football et son rapport à l'argent : un destin hors norme.

Pour Nicolas Vilas, journaliste sportif et spécialiste du football portugais en France, « l'image qu'on se fait de lui ici n'a rien à voir avec celle qu'il a au Portugal*[1] » Dribbleur exceptionnel et très grand buteur, Cristiano Ronaldo est une icône pour tous les Portugais, et pourrait bientôt faire les beaux jours du nouveau Paris Saint-Germain, le club de la capitale française et son bassin de centaines de milliers de Portugais. Des contacts avaient été pris entre le clan Ronaldo et le PSG durant l'été 2012 avec une proposition de 18 millions d'euros net annuels et un contrat de cinq ans présentés par le président parisien, Nasser Al-Khelaïfi, à l'attaquant du Real. Selon nos informations, le contact aurait été maintenu plusieurs mois, mais depuis sa revalorisation salariale en août 2013 et la victoire madrilène en Ligue des champions 2014, le transfert du Portugais semble de moins en moins envisageable. Pour un fin connaisseur du cas Ronaldo, « le Portugais est plus épanoui à Madrid qu'il ne le serait à Paris. Et surtout personne ne fait de l'ombre à CR7 au Real. Le PSG dispose de moyens financiers énormes, mais Madrid est une institution et le transfert ne serait pas intéressant pour les Madrilènes. Il n'y a pas de comparaison possible avec Madrid ». Et pourtant, il y a encore un an, Ronaldo prenait des cours de français...

1. En page 233 figurent les dates auxquelles les interviews ont été réalisées avec les auteurs du présent ouvrage.

France, Portugal, Angleterre, Espagne, un homme est au cœur de la réussite du Portugais : son agent, son confident et proche de la première heure à l'époque où Ronaldo n'était encore qu'un espoir, Jorge Mendes. Devenu aujourd'hui le plus grand agent du monde, l'ancien vendeur de cassettes vidéo qui a fait fortune dans le football travaille désormais pour les meilleurs joueurs (Ronaldo, Falcao, Pepe...) et l'un des plus grands entraîneurs, José Mourinho. Contactés, Ronaldo et Mendes, très proches, n'ont pas souhaité nous répondre.

Une bio non autorisée sur Ronaldo... Un proche de Mendes nous a expliqué la situation : « À partir du moment où ils ne donnent pas leur accord, si ce n'est pas une bio autorisée, ils ne vous parleront pas car ils ne toucheront pas un centime sur les ventes de votre livre. » Les coulisses du système Ronaldo : un joueur exceptionnel, mais également un peu obsédé par l'argent. Malgré ses 18 millions d'euros par an depuis l'été 2013 – soit le footballeur le mieux payé au monde ! –, il estime ne pas en gagner assez. « Je suis triste », avait-il déclaré en septembre 2012, menaçant de quitter Madrid s'il n'était pas augmenté, jaloux et déçu de ne pas bénéficier du même salaire qu'Ibrahimovic, Beckham et son ennemi héréditaire, Leo Messi. Toujours cet état d'esprit qui lui joue parfois de mauvais tours, comme en novembre 2013, au moment de se voir remettre une Audi, partenaire du Real Madrid, estimée à 120 000 euros. N'appréciant pas d'être le dernier des joueurs à recevoir « son jouet » lors de la cérémonie, il glissera à une hôtesse : « Je suis toujours le dernier, en fait, c'est ça ! » Capricieux, provocateur, narcissique, hautain, prétentieux, il est pourtant très apprécié dans le privé. Mais alors, pour quelles raisons renvoyer par moments cette image détestable ? L'avis d'un joueur, Mario Balotelli, dans *A Bola* – le quotidien sportif portugais –, le 29 janvier 2014, éclaire la situation d'une lumière particulière. « Dans le football, tout tourne autour de celui qui est le meilleur, qui marque le plus, celui qui montre le plus de talent. Il est clair que Ronaldo, Messi et Ribéry ne seraient rien sans leur équipe, mais il est vrai aussi que ce sont eux qui font de leurs équipes des équipes exceptionnelles. » Et pourtant l'attaquant de Liverpool est lui aussi capable de se montrer capricieux et ingérable.

Un peu plus approfondie, l'analyse de Nuno Farinha, journaliste à *Record*, l'autre grand quotidien sportif portugais : « La principale caractéristique de Cristiano Ronaldo, c'est qu'il ne laisse personne indifférent. On l'aime ou on le déteste. Ce résultat, c'est le fruit d'une personnalité arrogante ou hautaine pour ceux qui ne le connaissent pas bien. Cristiano donne l'impression que personne ne lui est supérieur. Il a une grande qualité technique sans aucun doute, mais je pense que le produit fini "Cristiano Ronaldo" est le résultat d'une énorme confiance en lui*. » Beaucoup de personnes que nous avons rencontrées et qui le côtoient nous l'ont souvent répété : « Dans le privé, il est complètement différent de l'image qu'il donne en public. C'est un type sympa, un bon coéquipier. En tant qu'homme, il est très agréable avec, de temps en temps, des excès liés à son statut de star. L'image qu'il renvoie est une carapace pour se protéger, parce qu'il est souvent critiqué. Il n'est peut-être pas forcément facile à gérer au quotidien. Il est vrai que ce côté ego surdimensionné peut parfois donner l'impression d'une grande fierté. » Ramón Calderón, ancien président du Real et qui l'a fait venir à Madrid, résume parfaitement les choses dans *So Foot* : « Ronaldo a raison de se considérer comme le plus beau et le plus fort, parce qu'il l'est. Mais le dire ne le rend pas aimable, surtout en Espagne où le péché capital, c'est l'envie. » L'une de ses anciennes petites amies, Nereida Gallardo, y va, elle, un peu plus fort : « Ronaldo est égocentrique. Il se prend pour Dieu sur Terre. Là, ce n'est plus un melon qu'il a, mais une pastèque. Dans sa maison, toute la décoration tourne autour de lui. Ses initiales brodées en cristaux Swarovski sont partout : sur les pieds de table, les serviettes de bain, les coussins. À chaque fois qu'il m'offrait des bijoux, il gravait toujours ses initiales dessus ! Chez lui, toute la vaisselle est siglée CR7. »

Il faut avouer que le Portugais fait tout pour être détesté. Petit florilège. Quand *Forbes* a estimé sa fortune à 160 millions de dollars, sa réponse fut : « Ce qu'a écrit ce journal est faux, ma fortune s'élève à 245 millions », rapporte *So Foot*. Ou encore : « C'est parce que je suis riche, beau et que je suis un grand joueur qu'on me siffle. Les gens sont jaloux de moi. Je ne vois aucune autre explication. » Régis Dupont, journaliste à *L'Équipe*, ayant écrit de nombreux articles sur Ronaldo, est plus nuancé : « Il a une image assez fausse. Les gens pensent qu'il est associable, qu'il ne pense à personne si ce n'est à lui. C'est vrai, mais comme tous les champions. Pour être à ce niveau-là, il faut être égocentrique. Mais ça ne l'empêche pas d'être agréable, poli, gentil avec les gens. Il ne faut pas oublier qu'il fait vivre toute sa tribu, sa famille et ses amis. Chez lui, il a un cuisinier, un ami d'enfance. Le musée Ronaldo à Madère, c'est pour occuper son frère [directeur du musée], pour le sortir de ses démons, de la toxicomanie. C'est Ronaldo qui a financé les carrières de ses deux sœurs, l'une est chanteuse et l'autre travaille dans la mode. Sa mère est tout le temps à Madrid et s'occupe de Cristiano Júnior, le fils de Cristiano. Ronaldo est très proche de sa famille. L'image qu'il dégage ne correspond pas tout à fait à la réalité*. » La plupart de ses coéquipiers, que ce soit en club ou en sélection, apprécient Ronaldo malgré son ego démesuré. Pour Mark Ogden, journaliste sportif anglais au *Telegraph* et qui a interrogé Ronaldo plusieurs fois à l'époque où il évoluait à Manchester, « le Portugais a toujours été traité avec affection à United. Les gens garderont en mémoire son sens de l'humour, le respect qu'il a vis-à-vis de tous et surtout son éthique, son *team spirit*. Je me souviens d'une conférence de presse à Port Elizabeth, lors de la Coupe du monde 2010, après un match entre le Portugal et la Côte d'Ivoire. À un moment, le représentant de la Fifa avait lancé : "Plus de questions, c'est terminé." Mais Ronaldo nous avait reconnus, nous les reporters anglais, et avait répondu : "C'est bon, je les connais, ils sont de Manchester"... Et il avait accepté de s'entretenir avec nous. C'est dire à quel point c'est un mec bien* ». Un autre exemple beaucoup plus profond : quelques jours avant d'être sacré Ballon d'or pour la deuxième fois de sa carrière, le Portugais invitera un jeune supporter du Real atteint d'un cancer lors d'un match entre le Real et le Celta Vigo. Ronaldo sait se montrer généreux et bienveillant... Dans son combat contre la maladie (cancer du foie), Éric Abidal n'oubliera jamais les messages de soutien de l'attaquant madrilène : « C'est un bon gars, une bonne personne. Respectueux. Il m'a beaucoup encouragé, par le biais de Karim Benzema, et m'a beaucoup parlé. » Sur le plan familial, il a dû se libérer assez rapidement de la présence de son père, celui qui l'a appelé Ronaldo en hommage à Ronald Reagan, Ronaldo son deuxième prénom, Cristiano Ronaldo dos Santos Aveiro. Le Portugais conserve un souvenir très douloureux de son déracinement, à douze ans, quand il a quitté l'île de Madère pour Lisbonne et le Sporting Portugal, à

1 000 kilomètres de son cocon. Dernier d'une famille de quatre enfants, il en est devenu le chef après le décès de son père en 2005. D'ailleurs, le Portugais s'entendra toujours très bien avec des managers paternalistes. László Bölöni, l'entraîneur qui l'a lancé chez les professionnels au Sporting en 2002, avait été invité par Ronaldo quand il a reçu son premier Ballon d'or en 2008. Il existe une relation très forte entre les deux hommes... Ronaldo conserve de très bonnes relations également avec Aurélio Pereira, son formateur à Lisbonne, Ferguson à Manchester, Scolari avec la sélection portugaise... Tout cela est en partie lié à son histoire, son père alcoolique, des repères familiaux un peu lâches. Évidemment, dans ces cas-là, un entraîneur un peu protecteur, à l'instar de ce que fut Guy Roux à Auxerre de longues années durant, était la meilleure des choses pour l'enfant de Madère.

Dès ses débuts, sa personnalité rejaillit sur sa manière de jouer. « On lui donnait la balle et il se débrouillait seul, expliquait l'un de ses premiers entraîneurs, Carlos Faria, en 2007, dans *L'Équipe*. Il ne la lâchait plus. Ça mettait parfois en furie ses partenaires, qui étaient plus âgés que lui. » Mais son immense talent fera l'unanimité.

À la question : « Aviez-vous déjà côtoyé un joueur aussi talentueux ? » Bölöni répond : « Jamais ! » Un dribbleur un peu plongeur à ses débuts, joueur de couloir obsédé par le but alors qu'il n'a pas souvent joué en pointe, doté d'un potentiel technique et athlétique extraordinaire, devenu puissant au fil des années grâce à une musculation intensive – la fameuse légende des 3000 pompes par jour – sans oublier son appareil dentaire et son bracelet miraculeux. Si le Portugais aime les longues courses sur le côté gauche, il a besoin d'être face au jeu pour prendre de la vitesse et faire la différence. Doté d'une accélération incroyable, il donne l'impression de courir aussi vite avec ou sans le ballon. Il possède la vitesse, la puissance, la souplesse. C'est un athlète parfait. Contrairement aux autres, il court « debout ». Ronaldo est unique. Fabinho, l'arrière latéral droit de l'AS Monaco qui a côtoyé le phénomène portugais une saison au Real Madrid (2012-2013), conserve encore à l'esprit quelques souvenirs de face-à-face plutôt douloureux… « Les premiers entraînements à ses côtés ont été inoubliables. Dès mon premier jour, j'ai pu le vérifier. J'ai été obligé de défendre sur lui. J'ai tout fait pour le marquer, mais il était trop rapide et trop fort. Il m'a tout fait. C'était impressionnant. En un jour, j'ai énormément appris à son contact sur un terrain. Ce n'est pas anodin de défendre sur le meilleur joueur du monde*. » Sur coup de pied arrêté, Ibrahimovic est puissant et redoutable, mais Ronaldo dispose d'un registre de frappes plus complet. Il est ainsi capable de faire flotter le ballon à l'image de Juninho, l'ancien joueur de l'Olympique Lyonnais. Buteur-passeur, si talentueux, le meilleur buteur de l'histoire de la Selecção (52 réalisations en équipe nationale[1]) est surtout un très grand professionnel. Toutes les personnes interrogées nous l'ont martelé : Ronaldo est le premier arrivé à l'entraînement et le dernier parti, un obsédé du boulot, obnubilé par l'idée de toujours pouvoir faire mieux. Dès le plus jeune âge, il étonne ses coéquipiers en équipe du Portugal des moins de quinze ans, et notamment Diogo Andrade qui a assisté de près à l'éclosion du petit génie : « Souvent lors des stages de la sélection, à 8 ou 9 heures du matin, avant le petit déjeuner, il allait s'entraîner tout seul. Il faut une volonté d'acier pour bosser autant si jeune. C'était déjà un adulte. » Robert Pirès, qui l'a affronté lors de matchs entre Arsenal et Manchester United, fait aussi partie de ceux qui apprécient le personnage : « J'aime sa mentalité, il ne laisse rien au hasard. Les gens me disent qu'il ne sourit pas souvent, qu'il est arrogant, alors je leur réponds : Et alors, qu'est-ce que ça peut faire ? On lui demande quoi à Ronaldo ? Il faut le juger par rapport à ce qu'il fait sur le terrain, donc que ce soit avec Madrid ou la sélection portugaise, je suis désolé, mais aujourd'hui il est vraiment au top. Après, il fait ce qu'il veut. C'était la même chose pour Thierry Henry, à l'époque. Les gens cherchent toujours quelque chose. Quand un joueur est très bon, on cherche toujours la petite faille* ». Un grand agent français confirme : « C'est un très,

1. Après le match face à l'Arménie le 14 novembre 2014.

très grand joueur avec une super personnalité, beaucoup plus professionnel que les autres. Il fait très attention à la manière dont il s'entraîne. Ça, les gens ne le disent pas suffisamment. » Son ancien coéquipier à Manchester Diego Forlán renchérit : « À l'entraînement, s'il voyait un joueur faire un geste qu'il ne savait pas faire, Cristiano lui demandait de lui montrer et, en une semaine, il le réalisait mieux que lui. » Autre petite anecdote significative : au cours de l'été 2013, il a passé une semaine de vacances à se reposer absolument seul au Club Med à Belek, en Turquie ! Sans sa compagne de l'époque, le mannequin russe Irina Shayk – égérie d'Armani et de Guess, notamment –, et en bon mégalo, il n'a dit bonjour à personne, ne quittant pas sa villa. Cristiano Ronaldo, entre glamour et sport, ou le culte de la personnalité poussé à son paroxysme. La plus belle marque du moment au Portugal, son meilleur représentant : l'homme qui voulait être aimé.

CHAPITRE 1

Si jeune et déjà très prometteur

L'apprentissage du haut niveau

Tout est parti d'une anecdote savoureuse. Arrivé à six ans dans le petit club du FC Andorinha, où son père travaille comme intendant, Ronaldo, par son talent, est hors norme pour son âge. À l'époque, le petit prodige fait déjà l'objet de sollicitations à Madère, son île natale, en provenance notamment du grand rival du Nacional, le Marítimo Funchal. Grâce à un abonnement de bus annuel offert au Portugais, le Nacional parviendra à faire signer Cristiano, le plus grand coup de l'histoire de ce tout petit club. Sur le terrain, Cristiano obtient son premier surnom : « Abelhinha » (« la Petite Abeille »), car il n'arrêtait pas une minute et paraissait voler sur le terrain.

Les premiers traits de caractère se dessinent déjà : Ronaldo ne supporte pas la défaite, que ce soit en match ou à l'entraînement. Cristiano a dix ans quand Andorinha le cède au Nacional pour 500 euros et des équipements usagés. Durant ses dix premières années, l'enfant de Madère baigne dans le monde du ballon rond, entouré par des proches fans de foot, notamment un parrain un peu spécial, Fernão Sousa, qui déclare à *So Foot* en novembre 2013 : « Le père et la mère de Cristiano Ronaldo étaient de fervents supporters d'Andorinha et seulement d'Andorinha, même si c'était un petit club. Son père ne loupait aucun match parce qu'il en avait l'obligation, mais sa mère non plus ! Sa famille adore le football, mais elle n'a jamais mis la pression sur le petit pour qu'il devienne absolument un footballeur professionnel. Andorinha était un club de quartier. Avant de gagner, Cristiano Ronaldo a donc beaucoup perdu, parce que l'équipe était faible. Chaque fois qu'il fallait jouer contre le Nacional et Marítimo [les deux grands clubs de Madère], il voulait rester à la maison pour éviter d'être humilié. Il fallait qu'on le sorte de chez lui pour qu'il aille jouer. Dinis, le père de Cristiano, était multitâche à Andorinha. C'était l'équipementier, le jardinier et un dirigeant du club. Il faisait tout de bon cœur. Au moment où Cristiano naît, je suis le capitaine de l'équipe. Et c'est un peu pour ça qu'il m'a proposé d'être le parrain de son dernier fils. Le jour du baptême de Cristiano, son père et moi sommes arrivés en retard de plus d'une heure à l'église, parce qu'on avait un match à Ribeira Brava. Et comme j'étais le capitaine et lui l'équipementier, nous étions obligés de nous y rendre. Le problème, c'est que le match commençait à 16 heures et le baptême à 18 heures. Comme le prêtre était aussi pour Andorinha, il ne nous en a pas trop voulu. Du coup, au lieu de se faire baptiser en même temps que les autres enfants de Santo António, Cristiano l'a été individuellement. » Fernão Sousa poursuit : « Un jour, alors que je faisais partie de la cellule recrutement des jeunes au Nacional, un des entraîneurs vient me voir et me dit qu'il faut que j'aille absolument observer un joueur d'Andorinha, un crack, d'après lui. Je me dis : "Bon, pourquoi pas." Et une fois que j'arrive là-bas, je me rends compte que c'était Cristiano. » Une saison passée au Nacional et ensuite le grand saut : Ronaldo est proposé au Benfica, son équipe de cœur, mais le club lisboète ne répondra jamais. José Bacelar, le président d'Andorinha, se souvient (sur abola.pt, le 5 février 2014) du plus grand raté de l'histoire du football portugais : « On a essayé de contacter le Benfica, mais personne n'a jamais décroché ! Nous voulions mettre le Benfica et le Sporting en concurrence pour tenter d'obtenir plus d'avantages pour sa famille, très modeste, qui vivait dans la difficulté. » Pas de réponse du club lisboète... Le FC Porto et Boavista s'intéresseront au petit espoir de Madère, mais le Sporting ira plus vite que les deux clubs du nord du pays et le convie à un essai d'une semaine.

Difficile à avaler pour Cristiano, « benfiquiste » depuis tout petit, mais l'essai se révélera concluant, très rapidement. Au bout de la première matinée, quand le parrain du phénomène demande à quelle heure son protégé doit se présenter le lendemain, la réponse de la direction du club de la capitale est très claire : « Nous n'avons pas besoin de le voir plus longtemps. C'est un diamant. Dites-lui que, désormais, il est membre du Sporting. » Fernão Sousa, lui aussi, avait été impressionné : « Ronaldo avait été tellement bon qu'on aurait pu croire qu'il avait toujours joué au Sporting. Sur la fiche du joueur, des notes des responsables de la formation : un joueur exceptionnel et techniquement au-dessus ». Ronaldo n'a que dix ans et, au passage, le Nacional éponge une dette de 25 000 euros en le laissant signer au Sporting. 25 000 euros – si peu pour un joueur de son talent comparé aux prix exorbitants de jeunes joueurs transférés très tôt aujourd'hui. Dès ses premiers pas à Lisbonne, l'enfant de Madère impose le respect de ses camarades. Hugo Almeida, son coéquipier en sélection et à l'époque au centre de formation du FC Porto, se souvient : « La première fois que l'on s'est rencontrés, c'était chez les jeunes, pendant les matchs Porto-Sporting. À cette époque, déjà, on avait constaté que Cristiano était un bon joueur. Il y avait une certaine rivalité, car c'était un derby. C'est difficile de se dire si tel joueur va faire carrière ou non à cet âge-là. Mais, clairement, il avait beaucoup de qualités. C'était un technicien, très fort en un-contre-un, très rapide et s'il gérait bien les choses, on savait qu'il pourrait faire carrière*. » Pour Miguel Veloso, milieu de l'équipe du Portugal, « Ronaldo était au-dessus des autres quand il était jeune, mais j'avouerais qu'à l'époque, si vous m'aviez dit qu'il deviendrait le meilleur du monde, sincèrement, je ne l'aurais pas forcément imaginé* ». Sa technique et sa personnalité sont déjà au cœur de toutes les attentions.

Les débuts sont cependant difficiles. La première année de Cristiano à Lisbonne – à 1 000 kilomètres de chez lui – sera très compliquée. L'éloignement, le manque des contacts avec sa famille aimante et ses trois frères et sœurs, le blues de l'île de Madère – plus humaine que la capitale où son accent insulaire occasionne toutes sortes de moqueries de la part de ses coéquipiers du centre de formation – sont éprouvants. Ronaldo souffre en silence et découvre le mépris des Lisboètes pour les gens originaires de Madère. Mais il y avait aussi d'autres souffrances, révélées pour la première fois par un camarade de l'Académie, Nuno Santos, ancien gardien du Sporting : « À un moment donné, on a tous dû passer des moments sans manger. Le week-end, on voyait nos parents et ils nous donnaient à manger, puis nous conservions la nourriture dans nos armoires. Mais bien souvent, les joueurs plus âgés volaient les plus jeunes. On ne disait rien et on n'avait pas d'argent pour s'acheter à manger. Cela m'est arrivé d'aller faire les poubelles du restaurant O Magriço, où on retrouvait souvent des croissants intacts de la journée. Cristiano Ronaldo est également passé par des moments difficiles et quand vous passez par ces moments-là, vous ne voulez plus les revivre. Je sais que Ronaldo, comme tout le monde à l'Académie, a eu des moments où il n'avait rien. Aujourd'hui, au sein du centre de formation du Sporting, il y a tout. Nous, on n'avait pas de télévision, pas d'Internet et on se faisait racketter sur le chemin de l'école. On devait s'enfuir, on devait également prendre le métro tout seuls alors qu'on n'était que des enfants. J'avais douze ans en arrivant au Sporting, comme Ronaldo. On a dû faire face à la réalité qui se trouvait devant nous et tout simplement "survivre". C'est ce qui nous a forgés. Ronaldo a réussi à dépasser tous ces dangers et à devenir ce qu'il est aujourd'hui. D'autres n'ont pas réussi car ils n'avaient pas son mental. » En attendant, Cristiano pleure souvent le soir au téléphone avec sa mère. En manque d'affection, Ronaldo repart sur son île pendant quinze jours et ne veut plus retourner à Lisbonne. Fernão Sousa revient sur cette situation peu banale, un moment compliqué à gérer : « Un jour, sa mère a réussi à le faire revenir chez lui pendant quelques jours parce qu'elle voyait bien que son petit ne tenait pas le coup, mais surtout parce qu'il manquait à sa famille. Et puis je reçois un coup de fil du Sporting qui m'apprend que Ronaldo est à Madère depuis deux semaines. Dès que je raccroche, je pars à la recherche de Dolores [la mère] et lui dis : "Vous ne pouvez pas vous permettre d'être nostalgique. Ce n'est pas comme ça que ça se passe. Si vous voulez que votre fils devienne un footballeur professionnel, il vous faut être forte. C'est votre avenir qui est en jeu, pas seulement celui de Cristiano. Car s'il devient professionnel, votre vie ne sera plus la même." Heureusement, cette histoire s'est bien terminée. J'ai réussi à obtenir du Nacional des billets d'avion pour Lisbonne, que j'ai donnés à Dolores. Elle a accompagné son fils à l'aéroport, et une fois de retour dans la capitale, il n'y avait plus de *saudades*, de moments de nostalgie. » C'est à partir de ce moment-là que Cristiano Ronaldo va vraiment grandir. Le centre de formation du Sporting n'avait pas encore de quoi accueillir des adolescents de son âge. Du coup, Cristiano habitera à Alvalade, où le Sporting avait conçu quelques chambres pour les jeunes joueurs qui venaient de loin. Cristiano partageait la sienne avec un grand « Black » qui évoluait déjà chez les juniors.

Aurélio Pereira, son formateur au Sporting et aujourd'hui directeur du recrutement et de la formation du club lisboète, l'homme qui a notamment découvert la plupart des fleurons du football portugais (Figo, Futre, Simão Sabrosa, Cristiano Ronaldo ou encore Nani), garde en mémoire les premiers moments difficiles du petit virtuose : « Pour un enfant de quinze ans, originaire de Madère, qui n'avait jamais quitté sa terre, arriver dans une ville, c'est dur. Cristiano vient d'une famille très unie, il était tout pour sa mère et ses frères et sœurs, l'enfant gâté de la famille. Et il l'est encore aujourd'hui. J'imagine donc ce que peut être pour un enfant de laisser "toutes ses plumes dans le nid". C'est logique que, le soir surtout, il y ait de la nostalgie, mais il a eu la capacité – et c'est sa force encore actuellement – de surpasser les problèmes. Il n'est pas né à Barcelone ou à Madrid, il a toujours dû exceller. » Avant d'ajouter : « On ne remplace pas les parents, mais on doit offrir un soutien nécessaire aux enfants. Vous imaginez le Sporting, une institution comptant 45 athlètes au sein de son centre de formation. Les gens ne se rendent pas compte de ce que représente une structure qui puisse aider les enfants de toutes ces catégories d'âge. Et si un athlète a un problème par jour, ce sont 45 problèmes à gérer*. » Comment se sentir moins seul ? Sa mère s'installe par périodes dans un appartement du centre de la capitale. Par moments, l'enfant de Madère rumine, ressasse, endure en silence, mais garde en tête cet objectif prioritaire : devenir un grand joueur. Ainsi, adolescent, afin de renforcer sa musculature, il allait « chiper » les clés du gymnase d'athlétisme et soulevait des haltères puis courait avec des poids attachés aux jambes.

Petit à petit, Ronaldo s'habitue à la vie lisboète et cherche à assimiler les exigences du haut niveau. Un jeune homme doué mais à l'écoute, humble et modeste. Paíto, un joueur mozambicain et ancien du Sporting (2001-2006), a d'ailleurs été au cœur d'une situation plutôt flatteuse. « Je suis resté quelques années avec lui au centre de formation. Quand je suis arrivé du Mozambique en 2001, je me suis installé dans l'ancien stade Alvalade où Cristiano était déjà hébergé et le premier jour où j'ai été m'entraîner avec les pros, il est venu me parler. Il est entré dans ma chambre et il a commencé à me poser des questions : comment je m'étais senti, entouré par Schmeichel, Pedro Barbosa, Paulo Bento... Tous ces joueurs qui évoluaient alors au Sporting. Il voulait savoir ce que ça faisait pour un jeune joueur d'être aux côtés de ces footballeurs. On a parlé un bon moment. » Paíto complète : « Une fois, il m'a réveillé pour que j'assiste à l'un de ses matchs qui se disputait sur un terrain annexe et qui se déroulait très tôt le matin. Il voulait à tout prix que je le regarde jouer ; j'avoue que je ne l'avais pas encore vu sur un terrain à ce moment-là. Je l'ai vu jouer, je l'ai vu marquer, trois buts, semble-t-il. Quand on est rentrés, il est venu me retrouver dans ma chambre. Il voulait faire le bilan, savoir ce que j'avais pensé de son match, de son jeu. À l'époque, il démontrait déjà qu'il allait devenir un grand joueur. De là à devenir le meilleur joueur du monde, sincèrement non, je ne le pensais pas*. » Le Portugais est alors en concurrence avec un autre petit génie du centre de formation : Ricardo Quaresma, dribbleur plus abouti à ce moment-là. Au départ, certains imaginaient même voir Quaresma être le premier à jouer chez les pros. Finalement, Ronaldo, beaucoup plus déterminé, ambitieux et travailleur, l'a devancé.

En août 2001, Ronaldo signe son premier contrat : quatre ans à 2000 euros par mois et une clause de départ fixée à 20 millions. Sur lequipe.fr, le 14 janvier 2014, au lendemain du deuxième Ballon d'or de Cristiano Ronaldo, László Bölöni se remémore son arrivée à l'été 2001 chez les pros du Sporting et de ses six années passées chez les Vert et Blanc : « Ronaldo ne jouait même pas avec la réserve, il était chez les juniors. Je l'ai vu en amical, je l'ai pris quelque temps plus tard à l'entraînement... et je ne l'ai plus jamais laissé repartir ! Je ne voyais pas en lui un gamin de seize ans encore assez maigre, mais un joueur déjà mature. Ce qui m'a impressionné, en dehors de sa technique, c'est son implication totale à l'entraînement, sans aucune appréhension ou excès de respect face à nos meilleurs joueurs. Il n'avait peur de rien, surtout pas des contacts. Sur le plan tactique aussi, il était précoce. Je me souviens de lui avoir crié dessus en finale d'un tournoi amical en Espagne parce qu'il avait perdu la balle sur un passement de jambes. Il a aussitôt piqué un sprint, il a récupéré le ballon dans notre surface et il m'a fait un geste pour me dire : j'ai compris. Pour moi, le Ronaldo que nous connaissons aujourd'hui est né ce jour-là. » Bölöni est donc le premier entraîneur à avoir lancé Ronaldo en pro, Cristiano, son petit « chouchou ». Un jour, à l'entraînement, Bölöni se permet même de taquiner les cadres du vestiaire, comme en témoigne cette croustillante anecdote racontée par l'ancien international roumain du Sporting, Marius Niculae, sur ojogo.pt en août 2013 : « Je me rappelle du jour où j'étais avec Mário Jardel [ancien joueur du Sporting et vedette du championnat portugais], Bölöni était venu nous voir et nous avait dit : "Regardez, ce joueur est meilleur que vous deux réunis." Moi, je n'ai rien dit et Jardel s'est mis à rire. Mais ensuite, on a vu Cristiano lors des entraînements et je suis allé voir Bölöni pour lui dire qu'il avait raison. Il avait une force incroyable, il avait des qualités que n'importe qui pouvait déceler. On pouvait déjà voir que ce serait très rapidement un grand joueur. »

À l'époque, lors de la saison 2001-2002, Ronaldo évolue encore chez les juniors. Régis Dupont, journaliste à *L'Équipe*, couvrant l'actualité de l'équipe du Portugal depuis de nombreuses années, garde un souvenir assez particulier de sa première rencontre avec le phénomène : « J'ai sans doute été le premier journaliste étranger à le voir et à discuter avec lui, en 2002. László Bölöni m'avait fait visiter le nouveau centre d'entraînement du Sporting à Alcochete. Je lui dis que j'ai entendu parler d'un certain Ronaldo. Il me répond qu'il est extrêmement fort et va le chercher dans le vestiaire. Cristiano sort pour discuter avec moi cinq minutes. On est donc en 2002, juste avant la Coupe du monde qui va consacrer Ronaldo [le Brésilien] avec un deuxième Ballon d'or et je lui demande : "S'appeler Ronaldo, ce n'est pas compliqué ?" Il me répond : "Pourquoi ce serait compliqué ? Je suis très fier de mon nom, je n'ai aucun problème à m'appeler Ronaldo." Le gamin a dix-sept ans, il me balance ça, il faut avoir un mental extraordinaire au-delà du talent. C'était bluffant. Je ne savais pas comment réagir. Il m'a un peu scotché. Il n'avait aucun complexe vis-à-vis de Ronaldo. Puis on s'est revus quelques jours avant la remise de son premier Ballon d'or en 2008. J'avais été le rencontrer pour une interview dans *L'Équipe*. On devait se voir dans un hôtel à Manchester, et alors que j'attendais tranquillement et que je rédigeais mes questions, quelqu'un est venu à l'hôtel en criant : "Dupont ! Dupont !" C'était son cuisinier qui était venu me chercher pour m'emmener chez Ronaldo. L'interview a lieu sur le fameux canapé, qui a tant fait fantasmer la presse anglaise. Donc je me suis retrouvé dans le salon de Ronaldo, quasiment seul avec lui. Ce jour-là, il n'a jamais manifesté la moindre impatience du genre "vous me fatiguez avec vos questions". Il est toujours resté très tranquille, très calme, très sobre, sympa. Ensuite, il est remonté dans ses appartements. J'ai bien compris que l'étage au-dessus, c'était le sien. Au moment où j'allais repartir, il est redescendu me dire : "Bon, à bientôt, c'était très sympa*." »

Avant de signer à Manchester United, Ronaldo évoluera étape par étape. Au Sporting, le grand saut se fera en septembre 2002. Le petit surdoué se fait déjà remarquer, en réalisant un doublé pour son premier match en championnat contre Moreirense, deux buts inscrits en tant qu'ailier, alors qu'il avait toujours joué en position d'avant-centre chez les jeunes. László Bölöni pensait qu'il « exprimerait mieux ses qualités de vitesse sur un côté, face au jeu, que dos au but entre deux stoppeurs de 90 kilos. J'avais aussi remarqué à l'entraînement que ce positionnement ne nuisait pas à son efficacité. Je suis fier de cette décision. À Manchester, Alex Ferguson a partagé mon appréciation et confirmé ce choix ».

Le Sporting est l'un des meilleurs centres de formation au monde et certainement le premier au Portugal. Ronaldo, Figo et Quaresma notamment ont été formés à Lisbonne et le triple Ballon d'or s'est souvent considéré comme le meilleur joueur de l'histoire des Vert et Blanc. À dix-sept ans, Cristiano, le petit phénomène, joue le premier de ses 31 matchs au Sporting. Et parmi ses souvenirs, une rencontre de Ligue des champions Sporting-Inter Milan. Cristiano est opposé à Ronaldo, *il Fenomeno*, le Brésilien, champion du monde et Ballon d'or. Les deux Ronaldo se retrouvent face à face. Les Milanais éprouveront beaucoup de curiosité pour ce joueur portant le même nom que l'attaquant intériste. Pour l'anecdote, les deux Ronaldo n'échangeront pas leurs maillots et Cristiano ira l'échanger avec Luigi Di Biagio, le milieu de l'équipe d'Italie, connu en France pour avoir manqué son penalty lors de la séance de tirs au but en quart de finale de la Coupe du monde 1998 face aux Bleus. Douze ans plus tard, l'ancien international italien a avoué récemment qu'il avait gardé le maillot du Portugais... Une pièce de collection ! Trente et un matchs au total sous les couleurs lisboètes, si peu finalement, mais une trace laissée à jamais par Cristiano dans l'histoire des Sportinguistas.

Lyon peut s'en vouloir

Ronaldo à l'Olympique Lyonnais ? Aujourd'hui, l'histoire peut paraître folle, mais Aulas et l'OL sont passés à côté du coup du siècle au début des années 2000. Oui, le Portugais aurait pu signer à Lyon en 2002. Dans une interview accordée au mensuel *So Foot* en octobre 2012, Tony Vairelles, ancien international français et ex-joueur de l'Olympique Lyonnais, a révélé les coulisses d'une histoire méconnue. En 2002, Lyon avait refusé de l'échanger contre deux joueurs du Sporting dont l'un s'appelait... Cristiano Ronaldo. Cette année-là, le club de Jean-Michel Aulas voulait se séparer de son attaquant qui revenait d'un prêt à Bastia. Courtisé par le club portugais, dirigé à l'époque par László Bölöni, que Vairelles avait connu à Rennes, le Français a dévoilé les raisons qui ont poussé l'OL à refuser l'offre du club lisboète. « Lyon voulait un transfert, mais le Sporting n'avait pas d'argent, donc ils ont proposé un échange : deux joueurs, dont un certain

Cristiano Ronaldo, contre moi. Et l'OL a refusé ! » Un an plus tard, le Portugais signait à Manchester United pour un transfert estimé à 18 millions d'euros... Des regrets à jamais pour l'Olympique Lyonnais.

... Liverpool et Arsenal également

Un homme a bien connu Ronaldo jeune, un ancien sélectionneur de l'équipe de France. À l'époque où il entraînait Liverpool (1998-2004), Gérard Houllier a cherché à faire signer le Portugais chez les Reds. Témoignage exclusif et révélateur des caractéristiques du football moderne. « On avait pris la décision de le faire signer lors du tournoi de Toulon [compétition réservée aux jeunes] en 2002, un an avant qu'il ne signe à Manchester United. Moi aussi, j'avais été le voir avec les moins de vingt et un ans du Portugal. Avec mon adjoint Phil Thompson et notre recruteur, on voulait à l'origine faire signer deux joueurs du Sporting : Ronaldo et Quaresma. Ronaldo était ailier gauche et Quaresma jouait à droite. On avait d'abord fait une offre pour les deux joueurs puis on s'est concentrés uniquement sur Ronaldo. Il a été proche de signer à Liverpool durant l'été 2003. On était d'accord sur le prix du transfert, mais ensuite on a hésité parce que le salaire demandé par Jorge Mendes, ses agents portugais et anglais était très, très important, au-dessus de ce qui se faisait à l'époque pour un très bon joueur.

Il était encore un espoir qui représentait davantage un pari même si son potentiel était exceptionnel. Il faut rappeler qu'il n'avait que dix-huit ans à l'époque. Pendant les négociations, on n'a jamais eu de contact direct avec Ronaldo. On a réfléchi quelques jours puis il y a eu ce match entre le Sporting et Manchester United. Ça faisait un an qu'on le suivait. Si ça n'avait pas achoppé sur la question du salaire, il aurait sans doute signé à Liverpool. On a trop tardé et on a reculé sur ses exigences salariales. Après, on pensait qu'il ferait une saison de plus à Lisbonne et que l'on pourrait revenir à la charge, mais, entre-temps, Ronaldo avait signé à Manchester United. On était déçus. Dans une carrière, ça arrive de passer à côté de très grands joueurs. Il faut l'accepter, c'est comme ça*. » Gérard Houllier n'a pas été le seul entraîneur français à nourrir des regrets. Arsène Wenger, le manager d'Arsenal, aurait également pensé à Ronaldo et été proche de le faire signer en 2003. Le club londonien avait, semble-t-il, même déjà préparé son maillot floqué du numéro 9 ! Nuno Santos confirme : « Tout était fait avec Arsenal. On était tous les deux dans le gymnase du Sporting, et comme j'étais plus âgé, il est venu se confier à moi. Il m'a dit que tout était presque signé avec le club londonien et il était très enthousiaste. Avec la forme qu'il avait et les matchs qu'il faisait, il devait partir. Arsenal a peut-être attendu un peu trop longtemps avant de le faire signer. Manchester s'est faufilé et l'a emmené. Tout était fait avec les

Gunners. Ne manquait que la signature de Cristiano Ronaldo ! »

Le roi des coups francs

Un gardien a vu de près, de très près Ronaldo travailler sa frappe de balle. Nuno Santos, ancien portier du Sporting, a servi de fusible au centre de formation du club lisboète. Voici l'éclairage d'un sparring-partner plutôt patient : « J'ai encaissé pas mal de buts lors de ces séances, et réussi quelques arrêts aussi. Il est perfectionniste, il adorait rester des heures et des heures à frapper coups francs et penaltys. Même si l'on savait où le ballon se dirigeait, c'était très compliqué, car au dernier moment, il fuyait de notre champ de vision et on allait le chercher au fond. » Puis il poursuit sur un registre plus technique : « L'effet qu'il arrive à donner, c'est grâce à la zone où il frappe la balle. Je ne me rappelle plus s'il mettait le trou où l'on gonfle le ballon vers lui ou contre lui, mais ça donnait cet effet, sans oublier également la manière dont il positionne son corps. S'il se penche plus ou moins, le ballon va monter ou descendre un peu plus. Il peut faire varier cet aspect selon la position dans laquelle il se trouve. » Avant de conclure : « À l'époque il avait déjà un tir puissant et il la mettait où il voulait. Nous, on restait bouche bée. Il frappait déjà de la manière dont il frappe aujourd'hui. Cristiano avait remarqué que sa manière de frapper les coups francs dérangeait les gardiens, donc il en profitait ! »

Un match, un destin

L'histoire est devenue légendaire, racontée un peu partout, érigée en modèle de recrutement. Le transfert de Cristiano Ronaldo à Manchester ou l'histoire d'une rencontre entre un phénomène et un club venu inaugurer le stade José-Alvalade, le nouvel antre du Sporting à l'été 2003, un an avant l'Euro 2004 au Portugal. Dans *L'Équipe Magazine*, Alex Ferguson a tenu à expliquer à quel point il avait été bluffé pendant ce match amical disputé à Lisbonne, le 6 août 2003, et remporté par le Sporting face aux Red Devils (3-1) avec un très grand Ronaldo, à l'origine des buts lisboètes et auteur d'une passe décisive[1]. « À la mi-temps, les joueurs sont venus me voir et m'ont dit : “Eh ! coach, celui-là, on l'emmène avec nous dans l'avion. Il faut absolument le faire signer. C'est un phénomène.” » Ronaldo avait donné le tournis à John O'Shea, le défenseur de Manchester. Et à la mi-temps justement, Ferguson demande à l'un des membres de son staff d'aller chercher le directeur sportif des Red

1. À l'époque, ce match avait été organisé dans le cadre d'un partenariat entre les deux clubs.

Devils. Les propos du manager écossais sont sans équivoque : « On ne quitte pas ce stade sans avoir fait signer ce garçon ! » Rio Ferdinand, Gary Neville et Nicky Butt, notamment, auraient insisté pour que United achète Ronaldo. Après le match, les joueurs de Manchester attendront une heure dans le bus, car, à l'étage, les dirigeants mancuniens négocient avec Jorge Mendes l'arrivée du petit surdoué portugais. Le lendemain, l'enfant du Sporting rejoindra Manchester en jet privé. Chez les Red Devils, après avoir vu Ronaldinho signer à Barcelone malgré l'offre mancunienne, on ne veut surtout pas passer à côté d'un autre phénomène à l'été 2003.

Selon nos informations, la véritable histoire du transfert de Ronaldo est un peu différente. Les choses ont été romancées... Le transfert avait déjà été réglé avant le match. En fait, les joueurs de Manchester n'étaient pas au courant : après la rencontre, ils sont allés voir Ferguson en lui disant qu'il fallait absolument faire signer Cristiano Ronaldo. Intelligent, le manager écossais a laissé croire aux joueurs qu'effectivement, c'était sous leur influence qu'il avait acheté Ronaldo. En réalité, les choses avaient déjà été réglées en amont et personne ne voulait gâcher la fête et l'inauguration du nouveau stade des Vert et Blanc. Le Sporting avait un accord de coopération avec Manchester United permettant aux Red Devils d'être prioritaires sur tout joueur lisboète. Très proche du Sporting, le Portugais Carlos Queiroz, adjoint de

Ferguson, avait évidemment un œil sur les grands espoirs du football lusitanien. Il y avait un jeune joueur exceptionnel et les Mancuniens ne l'auraient jamais laissé signer à Liverpool ou à Arsenal. Voilà ce qui s'est réellement passé. Pour Jacques Crevoisier, ancien entraîneur adjoint des Reds, « personne n'a jamais imposé qui que ce soit à Ferguson. Qu'Alex soit assez intelligent pour écouter les avis des uns et des autres, c'est autre chose. De temps en temps, des joueurs qui ont un certain poids vont voir l'entraîneur en lui déclarant : “Ce joueur-là, il faut le prendre, c'est un joueur pour nous” ou “Il faut le garder.” Moi, j'ai connu ça à Liverpool, où Steven Gerrard et Michael Owen [Ballon d'or 2001] étaient venus me voir tous les deux en me disant : “Écoute, Jacques, si tu vois le boss [Gérard Houllier], dis-lui qu'il faut tout faire pour acheter Anelka. Il va nous apporter, il va nous faire gagner des matchs et il va nous aider.” C'est un bon exemple pour montrer que des joueurs peuvent peser sur des entraîneurs, mais en aucun cas imposer* ».

En ce qui concerne Ronaldo, après des négociations menées rapidement avec Mendes, l'affaire se fera très vite. À Manchester, l'ancien du Sporting sera transféré 18 millions d'euros, un prix largement supérieur à la proposition des Reds. Ferguson a tout simplement senti qu'il avait un phénomène en face de lui. Et pourtant, l'Europe du foot commençait à savoir qui était Cristiano Ronaldo. Liverpool, Arsenal, mais aussi Chelsea, Barcelone, l'Atlético, le

Real Madrid, Valence, l'Inter, Parme et la Juventus étaient très intéressés. À l'époque, Parme était doté d'un très bon réseau de recruteurs ayant toujours un œil sur les joueurs du Sporting. Le club parmesan proposera d'ailleurs une offre légèrement supérieure à 10 millions d'euros. À ce moment-là, le Sporting faisait rêver de grands clubs avec ses deux bijoux entraînés par Bölöni : Ronaldo et Quaresma. Le transfert de Cristiano est lié en partie à l'inauguration du stade José-Alvalade, mais, selon un observateur avisé du monde des agents, « Manchester connaissait bien Ronaldo. United a un réseau de recruteurs concernant les moins de quinze, seize ans. Et puis il y avait eu le tournoi du Val-de-Marne, tournoi de jeunes de moins de seize ans et Ronaldo y avait participé. Tout le monde avait vu qu'il avait un potentiel incroyable ».

« Non, tu prendras le numéro 7 ! »

Une fois le contrat signé, Ferguson aura une idée de génie : prendre dans son staff un homme qui s'y connaisse parfaitement en matière de jeunes joueurs pour faciliter l'adaptation de sa nouvelle recrue. Ainsi, le formateur franco-brésilien Francisco Filho, traducteur dans un premier temps, permettra à l'ex-joueur du Sporting de se sentir à l'aise très rapidement. L'ancien cadre technique de la Fédération française de football, ayant notamment formé Thierry Henry,

Nicolas Anelka et William Gallas, se souvient parfaitement des premiers pas et de l'arrivée du Portugais en Angleterre... Resté trois ans chez les Red Devils (2002-2005), Filho aidera Ronaldo au quotidien dans sa nouvelle vie. Entretien.

Comment êtes-vous arrivé à Manchester ?
Un imprésario est venu me chercher. Ils voulaient un formateur. Le contrat proposé par Manchester est resté sur ma table une semaine. Je ne souhaitais pas y aller. Ça ne me disait rien. Après, je me suis dit que j'aurais des regrets à jamais si je n'y allais pas. Au début, j'étais l'entraîneur des moins de dix-sept et de dix-huit ans, puis Ronaldo est arrivé, et j'ai été rattaché à l'équipe première en tant qu'adjoint de Ferguson pendant six mois.

Avant qu'il ne signe à Manchester, que saviez-vous de ce jeune joueur qui évoluait au Sporting ?
Rien. Je n'en avais jamais entendu parler. On avait dû se croiser à un tournoi de jeunes, mais sans plus. Lors des négociations, je suis intervenu en tant que traducteur. Le match entre le Sporting et Manchester a eu lieu le 6 août 2003 et le 12 août, c'était un Red Devil. United venait d'être champion et le Sporting s'était imposé 3 buts à 1. Les Mancuniens avaient noté ses

qualités. La première réunion à laquelle j'ai participé, c'était à Manchester. D'un côté, je traduisais en anglais pour Alex Ferguson et Peter Kenyon, le directeur exécutif des Red Devils, et, de l'autre, en portugais pour la maman, la sœur de Cristiano, son agent Jorge Mendes et son assistant qui était tout le temps au téléphone, en relation avec un autre agent, un Italien qui travaillait aussi sur le dossier. Tout s'est concrétisé lors de cette réunion. C'était simple : tout le monde était d'accord. Son salaire, je ne peux pas vous le donner. Il a été traité correctement. Tout le monde était satisfait. Le Sporting touchait une très grosse somme pour un jeune joueur. La réunion a duré trois heures dans un hôtel de Manchester situé dans un quartier où Cristiano vivra plus tard. Nous avons fait connaissance lors de son premier entraînement. On a parlé portugais, ça s'est fait très facilement. Ensuite, sa famille a déménagé dans le nord de l'Angleterre. Sa sœur est venue vivre avec lui et son beau-frère lui servait de chauffeur. Sa maman venait régulièrement et il avait des cuisiniers à disposition quand sa mère n'était pas là.

Quelle caractéristique vous a le plus frappé chez lui au départ ?

Sa décontraction, sa faculté à s'adapter à son nouveau milieu, sa capacité à s'intégrer rapidement. En arrivant, il ne parlait pas anglais, mais, au bout de deux semaines, il chambrait déjà dans cette langue. Il charriait les plus jeunes : Forlán, Bellion, mais pas les cadres. Il n'était pas insolent. Il a une telle faculté d'adaptation, de compréhension des situations, de capacités intellectuelles qu'il aurait pu faire de grandes études. À partir d'un moment, quand je traduisais les consignes de Ferguson en portugais, il me disait : « J'ai compris. » Moi, j'avais peur que ce ne soit pas le cas et qu'il fasse l'inverse de ce que demandait Alex, mais il comprenait ! Il prenait des cours d'anglais, mais il était souvent absent à cause des entraînements, des interviews... En plus, chez lui, il regardait les émissions portugaises à la télévision. Mais à force, l'environnement et le fait de vivre en Angleterre ont joué. On avait le même professeur d'anglais, M. Bernt, le professeur de Piqué également et de tous les étrangers qui arrivaient à United.

Il avait déjà en tête de devenir Ballon d'or ?

Le meilleur joueur du monde non, mais il voulait être meilleur qu'il ne l'était. Il a compris pour quelles raisons il était là. Une anecdote, il voulait jouer avec le 28, le numéro qu'il avait au Sporting, et là, Alex lui a dit : « Non, tu prendras le numéro 7 ! », qui avait été porté par tous les plus grands joueurs de Manchester (Charlton,

Best, Robson, Cantona, Beckham). Ferguson était visionnaire, savait qu'il allait devenir le meilleur joueur de l'équipe à cette époque-là et l'une des personnalités les plus marquantes de l'histoire à United.

Ferguson vous a demandé d'entrer dans son staff pour vous occuper personnellement de Ronaldo ?

Au début, je traduisais les consignes d'Alex et ensuite, au bout de deux mois, je suis devenu son adjoint. À ses débuts à Manchester, Ronaldo s'amusait beaucoup. C'était un blagueur. Il faisait plein de choses très drôles à l'entraînement. Il s'amusait. Il était très copain avec Forlán, avec Djemba Djemba, Kléberson, ceux qui sont arrivés en même temps que lui. Il était toujours en train de rire, de bonne humeur et il transposait ça dans le jeu. Un jour, lors d'un match de Ligue des champions sur la pelouse de l'Olympiakos Le Pirée en Grèce, il fait deux, trois, passements de jambes et se casse la figure. Quelques minutes plus tard, son passement de jambes fonctionne et offre le but de la victoire. C'était ça, Cristiano !

Quelles étaient ses relations avec les stars du vestiaire ?

À l'époque, il y avait Giggs, Roy Keane, Gary

Neville, Heinze. Il a été bien accueilli dans le vestiaire. Parfois, dans un club, un joueur arrive et prend la place de quelqu'un d'autre... Il peut y avoir de la froideur au départ. Mais Cristiano avait cette capacité d'intégration, cette envie de faire son trou et ça a marché tout de suite. Je me souviens de deux histoires. Un jour, Forlán marque et soulève son maillot, montrant ses tablettes de chocolat. Ronaldo a été le voir et lui a tout de suite dit : « J'aurai de meilleurs abdos que toi ! » Un autre jour, il dribble et, au lieu de centrer pour van Nistelrooy, Cristiano frappe et ne trouve que le petit filet. Il se fait remettre à sa place par le Néerlandais. Cristiano a ensuite passé les quarante-cinq dernières minutes à faire des passes. À la fin du match, Ferguson a été le voir et lui a dit : « Mais on t'a pris pour dribbler ! » Je ne veux pas être désobligeant avec Mourinho et Wenger, mais malgré toute l'admiration que j'ai pour eux et leur parcours, au même moment Robben signe à Chelsea et Reyes à Arsenal. Tous les deux ne donnaient pas le ballon assez vite et on leur a vite fait comprendre qu'il fallait le donner plus rapidement. On ne leur a pas offert la possibilité d'exercer ce qu'ils faisaient le mieux. Ils n'étaient pas en confiance. La qualité de dribble, c'est ce qu'il y a de plus difficile à trouver. Quand on a cette qualité-là, il faut laisser le plus de liberté possible.

Vous avez observé sa transformation sur le plan du jeu. Est-ce que, par moments, il a pu énerver Ferguson ?

Il n'a jamais exaspéré Alex. Il comprenait ce que lui demandait le coach. Il commençait toujours ses actions par des dribbles. Parfois, tu n'as pas besoin de dribbler, alors Ferguson le recadrait et lui demandait d'être plus collectif. Le dribble devait être fait au bon moment. Giggs, quand il était jeune, provoquait par le dribble. À Manchester, il y a toujours eu une tradition de dribbleurs. À l'époque, quelque chose manquait à United : de la perforation. Avec Giggs à gauche et Ronaldo à droite, à ce niveau-là, ça a tout de suite fonctionné. Un grand joueur, on brode autour de lui. On le laisse libre et on dégage ensuite l'équilibre de l'équipe.

Qu'est-ce qui vous a impressionné techniquement chez lui ?

La vitesse d'exécution de ses dribbles, la précision technique dans son toucher de balle. Il a travaillé. Il s'exerçait après l'entraînement : des coups francs, des slaloms suivis de centres, des tirs de loin... S'il ne mangeait pas à Carrington, au centre d'entraînement, il rentrait chez lui, faisait une petite sieste et travaillait ensuite les passements de jambes dans son jardin ou faisait des abdos en regardant la télé. Il était très discipliné. Il n'avait pas de fiancée à l'époque et ne pensait qu'au football. Il a réussi par le travail.

Comment est-il humainement ?
L'image qu'il donne au premier abord fait penser qu'il est prétentieux. On peut faire le parallèle avec Cantona, avoir ce port altier qui pouvait faire penser qu'il était arrogant... Mais c'était lié à sa morphologie. C'est la même chose pour Ronaldo. Tout le monde peut avoir des fragilités et ne pas répondre convenablement à certaines questions. C'est une star, donc toute sortie médiatique est montée en épingle. Mais ce n'est pas lui. Quand on le connaît, il est très abordable, très à l'aise. C'est un bon petit. Il a tout fait pour sa famille et donne beaucoup à des associations de charité. Il ne le clame pas haut et fort, il le fait en toute discrétion*.

Jorge Mendes, l'agent confident

Lors des premiers pas de Ronaldo au Sporting puis à Manchester, un homme l'accompagne, omniprésent. Jorge Mendes est un peu tout : l'agent, le proche, l'ami, le frère et le confident. Mendes-Ronaldo, une relation fusionnelle entre deux grands professionnels. Lors de la remise du Ballon d'or 2013 à Zurich, Ronaldo remerciera sa mère en premier puis, en deuxième, l'agent confident qui l'a découvert à l'âge de seize ans. Les deux hommes se sont connus très jeunes. Mendes l'a beaucoup aidé lors de son transfert à Manchester United et depuis n'a cessé de le protéger, de le conseiller. Jorge Mendes, l'agent de quarante-huit ans qui drague les présidents de club, peut parfois dépenser des sommes faramineuses en hôtel et repas, comme à Monaco en 2013, lors de la signature des contrats de Falcao, Rodríguez, Moutinho, Fabinho et Carvalho à l'ASM. Quand Ronaldo évoque Mendes, les mots sont clairs : « C'est mon meilleur ami. » Aujourd'hui, Ronaldo est le plus bel actif de cet agent possédant le portefeuille le plus fourni au monde. Pour tout joueur portugais, il est presque impossible d'imaginer un beau contrat à l'étranger sans passer par lui. Agent de joueurs, mais aussi de grands entraîneurs tels que José Mourinho et trois sélectionneurs de l'équipe du Portugal : Luiz Felipe Scolari (2003-2008), Carlos Queiroz (2008-2010) et Paulo Bento (2010-2014). Comment est-il sur le plan professionnel ? La réponse de Gérard Houllier ne laisse planer aucun doute : « Il est très correct. J'ai eu affaire à lui deux, trois fois concernant des joueurs que je n'ai pas signés. Il dure parce qu'il est fiable. »

Comment Mendes s'est-il fait sa place ? Petit flashback. À ses débuts, il était vendeur de cassettes vidéo à Porto. Comme beaucoup de Portugais, Jorge nourrissait une vraie passion pour le foot et, rapidement, il entre dans le milieu chez lui, à Porto. Il commence à se faire un nom puis finit par rayonner au Portugal avec des joueurs comme Derlei et Paulo Ferreira notamment, avant d'en attirer d'autres. Un grand agent français décrypte la montée en puissance de son confrère : « Pendant les années 1990, José Veiga et Manuel Barbosa étaient les deux agents portugais qui dominaient le marché. C'était l'époque Rui Costa. Ils avaient pratiquement tous les joueurs de l'équipe nationale et Mendes est arrivé. Il y a eu un changement d'époque. Mendes ? Quelqu'un qui énerve les jaloux et suscite de l'admiration. Au niveau relationnel, quand il connaît les gens depuis longtemps et qu'il est en confiance, il est relax. Après, il est difficilement joignable. Il est au téléphone en permanence, c'est infernal. Son téléphone sonne toutes les quinze secondes. Il représente les meilleurs joueurs et travaille comme un dingue. Il saute d'un avion à l'autre. » Régis Dupont livre son ressenti : « Mendes qui pique un joueur à Veiga, c'est arrivé aussi avec Nani et d'autres footballeurs. Par exemple, Mangala [ancien défenseur français de Porto], qui n'était pas géré par Veiga, n'était pas très emballé à l'idée de rejoindre Mendes, mais, au final, il a signé chez lui. Tous finissent par le rejoindre. Là où il est très fort, c'est dans sa capacité de séduction. Quand il cible un joueur, il finit par l'obtenir. Mendes a une telle image au Portugal que les gens se disent : "Bon bah, ça ne peut qu'être bon pour moi." » Nicolas Vilas confirme : « Au début des années 2000, Ronaldo avait pour agent José Veiga, qui était l'homme fort du foot portugais. Petit à petit, Mendes a conquis ses principaux joueurs dont Cristiano. Mendes et Veiga sont alors entrés en guerre*. » Son plus grand coup : avoir réussi à faire signer Ronaldo... Cristiano, l'homme qui a fait la réputation de Mendes et une carte de visite internationale pour le président de la Gestifute, sa société basée à Porto. Notre agent développe : « Jorge s'est servi de Ronaldo pour s'ouvrir des portes. Quand vous avez un grand joueur dans un grand club, ça va beaucoup plus vite. Et encore plus quand vous avez aussi Mourinho dans votre portefeuille. Ronaldo et Mourinho, ce sont ses deux locomotives. » Mendes, c'est aussi un excellent service après-vente, toujours très présent quand il s'agit de rendre visite à ses joueurs, à ses grands joueurs surtout. Les petits jeunes prometteurs qui démarrent, très peu pour lui. Mendes, c'est aussi un agent qui aurait disposé de son propre bureau au centre d'entraînement du Real, dans une pièce à côté du bureau de Mourinho... Sinon, y a-t-il des zones d'ombre ? L'histoire raconte que Mendes aurait inclus d'autres joueurs dans le transfert de Ronaldo à Manchester à l'été 2003 et notamment Nani et Anderson qui ont signé à United en 2007. Après avoir enquêté et recueilli de nombreux témoignages livrés par des proches de Ronaldo et Mendes, la réponse est non. En revanche, que cet agent à la renommée mondiale use parfois de son influence pour vendre ses joueurs au même club, évidemment.

Malgré tout, des polémiques sont nées en Angleterre et notamment concernant un joueur du nom de Bebé. En 2010, le jeune milieu portugais signe chez les Red Devils pour 8 millions et demi d'euros. À l'origine, Bebé est représenté par Gonçalo Reis. Selon *The Guardian,* cet agent s'est toujours plaint d'avoir été limogé par Bebé pour un motif douteux quelques jours seulement avant que l'attaquant ne s'envole vers l'Angleterre. La version qui circule depuis quelques années au Portugal : Mendes aurait expliqué à Bebé qu'il valait mieux signer avec lui s'il souhaitait un jour rejoindre Manchester United. Un agent qui défend ses positions et qui ne veut surtout pas voir sa domination être remise en cause. À son niveau, le Portugais est très, très surveillé et ses opérations sont tracées. En définitive, Bebé disputera seulement sept matchs et marquera deux buts à Manchester, un footballeur que Ferguson n'avait jamais vu jouer avant sa signature chez les Red Devils. Mendes, l'agent qui verrouille tout et qui envoie aussi ses joueurs dans des clubs coachés par des entraîneurs dont il gère les intérêts. Petit exemple avec Fabinho, le défenseur de Monaco passé par le Real de Mourinho, où il ne jouera qu'un match de Liga. Le problème se pose de plus en plus et la loi devrait certainement évoluer prochainement : empêcher les conflits d'intérêt, interdire à un agent de pouvoir conseiller en même temps joueurs et entraîneurs.

Enfin, pour terminer, nous avons voulu en savoir plus sur les liens entre l'agent confident et Doyen Sports, un fonds enregistré à Malte (un paradis fiscal) et propriétaire de joueurs, activité interdite en France. Contacté par mail, José Félix Díaz, l'un des représentants de Doyen Sports, a rétorqué que « Doyen n'avait aucun lien avec Jorge Mendes ». En privé, Mendes répète à l'envi qu'il préfère rester dans l'ombre. Dans le portefeuille des joueurs gérés par Doyen, un certain Radamel Falcao que Mendes a envoyé à Monaco à l'été 2013. Et puis son meilleur client, Cristiano Ronaldo, vient de Madère, qui dispose d'un statut particulier et tolère des aménagements fiscaux spécifiques.

Pour l'anecdote, Ronaldo et Mendes détiennent beaucoup d'affaires ensemble, ils ont beaucoup investi dans la région de Funchal et possèdent notamment un hôtel à Madère. Beaucoup de zones d'ombre pour un agent qui s'est construit une réputation grâce à Cristiano Ronaldo, devenant aujourd'hui incontournable dans le milieu.

La conclusion est signée Régis Dupont : « Mendes et Ronaldo ont une relation assez incroyable. Ils sont extrêmement proches, ils s'appellent plusieurs fois par jour. On ne peut pas parler de grand frère et de petit frère, je dirais plutôt qu'ils sont proches comme pourraient l'être des jumeaux ! »

CHAPITRE 2

La transformation chez Ferguson

Plus qu'un entraîneur, une relation père-fils

Il s'agit d'un des plus grands entraîneurs et managers de l'histoire. Alex Ferguson, coach historique de Manchester United, a absolument tout gagné dans sa vie : titres de champion d'Angleterre, Coupes nationales et Ligue des champions. Un mélange d'autorité, de connaissances tactiques et, surtout, une véritable compréhension des rapports humains, des susceptibilités et sensibilités de chaque joueur, de chaque homme. Trouver le bon équilibre dans le vestiaire, c'est très certainement le plus grand défi des techniciens aujourd'hui. Sa plus grande réussite : avoir déniché de jeunes joueurs et les avoir fait grandir. Les exemples sont nombreux, si nombreux : Giggs, Scholes, Beckham… et Ronaldo évidemment.

Le montant du transfert (18 millions d'euros) aurait pu déstabiliser le petit surdoué portugais, débarquant si jeune en Grande-Bretagne. Mais, à son arrivée dans le nord de l'Angleterre, Ronaldo va comprendre qu'il a une chance exceptionnelle et qu'il ne doit surtout pas la laisser passer : suivre les conseils de sir Alex, son guide, son conseiller. Lors des premières journées de championnat à l'été 2003, Ronaldo restera sur le banc des remplaçants et rentre en fin de match, le temps de s'acclimater à son nouvel environnement. Grégory Nowak, rédacteur en chef et spécialiste du championnat d'Angleterre à Canal+, se souvient des premiers pas du Portugais en Premier League. « Le 23 août 2003, je commentais Newcastle-Manchester United, deuxième journée du championnat. À St James Park [stade de Newcastle], il n'avait joué que quinze minutes, mais il y avait beaucoup d'attente autour de lui, beaucoup de journalistes... Une vraie cohue médiatique. Dans les journaux anglais, on se demandait qui pouvait bien être ce gamin que Ferguson avait acheté 18 millions. Les médias britanniques parlaient beaucoup de ce transfert. C'était l'attraction du début de saison, un jeune joueur que personne ne connaissait. C'était l'été qui suivait le départ de Beckham au Real et Ronaldo avait récupéré le numéro 7 mythique de Manchester porté notamment par Cantona. Au début, l'image que donnait Ronaldo n'était pas très bonne sur le terrain : un dribbleur très individualiste, obsédé par l'idée de déborder systématiquement et qui fatiguait un peu tout le monde par ses simulations. Il partait en dribbles et s'empalait sur les défenseurs adverses la plupart du temps. Mais on avait vu qu'il avait beaucoup de talent. Il en faisait trop, tout simplement. D'ailleurs, lors d'un match à Wolverhampton, Ferguson lui est rentré dedans, car il en avait assez de ses débordements excessifs et ça n'avait pas plu à Ronaldo qui lui avait répondu. À Old Trafford, dès qu'il touchait le ballon, il y avait immédiatement une attente des spectateurs. On se demandait ce qu'il allait encore bien pouvoir faire*. »

À l'époque, Robert Pirès fait partie des cadres d'Arsenal et sa première opinion concernant Ronaldo n'est pas forcément très positive. « Je le trouvais excessivement cher pour un jeune joueur que personne ne connaissait. Je n'en avais jamais entendu parler. Personne ne savait qui il était, en tout cas en Angleterre. Ferguson avait découvert un joueur qui avait un gros potentiel et c'est pour cette raison qu'il a tout de suite voulu le prendre. Il n'a pas hésité à mettre 18 millions sur la table ! En tout cas, il a été très, très bon dans son choix. Ses débuts n'avaient pas été flamboyants, certes, mais je crois que tous les étrangers ont connu ça. Tout est complètement différent, ce n'est pas le même football. Il y a la langue, il faut s'adapter et c'est difficile. Les gens pensent que c'est facile, mais vous n'imaginez pas. » Avant de poursuivre : « À ce moment-là, on a vu qu'il avait des qualités, mais on se dit : "On va attendre, on ne va pas se précipiter et puis, s'il a vraiment de la valeur, il va exploser." Mais au début, moi, je n'y croyais pas trop. Il avait une énorme pression... Déjà parce qu'il arrivait à Manchester, parce qu'il était jeune, en raison du montant de son transfert et, en plus, il portait le fameux numéro 7. Ça n'a pas été facile. Comme beaucoup de joueurs, il a été critiqué et vous savez qu'en Angleterre on ne fait pas de cadeaux. Être accompagné par Ferguson, ça lui a permis de grandir. Ferguson a cru en lui. Ce qui a aussi aidé Ronaldo, c'est sa force mentale. Il n'a peur de rien, il aime les défis, il aime battre des records*. » À dix-huit ans, le Portugais disait à tout le monde qu'il deviendrait le meilleur joueur du monde. Chez les Red Devils, les autres joueurs le trouvaient plus amusant qu'arrogant. Un jour, Ryan Giggs ira quand même le trouver pour le prévenir : « Ne dis jamais cela en public, car tu vas te mettre une pression inutile. » Ronaldo a rigolé avec l'envie de rétorquer : « Moi, je peux gérer la pression. Ça ne me dérange pas. » Le premier but du Portugais ? En novembre 2003 et sur coup franc évidemment, l'une de ses spécialités. Son premier trophée ? La Coupe d'Angleterre 2004 remportée devant Millwall. Au total, 4 buts marqués en 34 matchs. La saison suivante, des progrès et surtout un peu plus de temps de jeu. Une place de titulaire et des prestations remarquées en Ligue des champions. Neuf buts en Premier League en 2005-2006 avant le grand tournant, l'année de la révélation, de la maturité : 2006-2007. Et pourtant, la saison n'avait pas forcément bien démarré. Quelques semaines après la Coupe du monde disputée en Allemagne et l'élimination du Portugal en demi-finale, battu par la France,

Cristiano est de retour en Angleterre. Responsable désigné de l'expulsion de Wayne Rooney, en quarts de finale du Mondial, Ronaldo avance alors sous les insultes et les huées de l'Angleterre. Parfois, il y a aussi des crachats, il est devenu l'homme à descendre. Petit retour sur « l'affaire ». En Allemagne, le Portugais encourage l'arbitre du quart de finale Angleterre-Portugal à exclure Rooney, son coéquipier mancunien et attaquant de l'équipe d'Angleterre. À son retour, Ronaldo sent qu'il va être compliqué voire impossible de rester à United. Mais l'attaquant britannique ne lui en tiendra pas rigueur et l'appellera plusieurs fois pour le rassurer. Il lui proposera même de faire une interview à deux afin de montrer à toute l'Angleterre qu'il n'y a pas de problème. Des rumeurs de transfert au Barça et au Real apparaissent également. Mais en fait, le Portugais va profiter de cet événement malheureux pour passer du gamin caractériel à l'homme de caractère. Dès le début de saison, l'enfant de Madère franchit un cap. Son registre très individualiste se met enfin au service du collectif et à la clé le titre de meilleur joueur des mois de novembre et décembre. Un peu plus collectif et surtout décisif : 17 buts marqués en championnat, deux fois plus que l'année précédente, et des passes décisives. En Ligue des champions, le Portugais offre à l'Europe entière l'étendue de son talent. Manchester sera éliminé par l'AC Milan, mais la récompense intervient quelques semaines plus tard : aux portes d'un premier Ballon d'or remporté par Kaká, vainqueur de la C1 en 2007. Ronaldo termine deuxième, devant Messi, les prémices d'une rivalité à venir. L'ancien joueur du Sporting côtoie désormais le très haut niveau et rêve d'un premier sacre en Ligue des champions, la C1, nouveau terrain de jeu préféré de Cristiano. Au passage, Ronaldo remporte le premier de ses trois titres de champion d'Angleterre chez les Red Devils (2007-2008-2009).

2008, justement, une année dont il se souviendra toute sa vie. Ronaldo travaille, peaufine, fait évoluer son jeu. En Angleterre, certains clubs décident de mettre en place une stratégie anti-Ronaldo et de lui coller un joueur sur le dos pendant 90 minutes, mais ce ne sera pas le cas à Arsenal selon Robert Pirès. « En fait, Arsène Wenger, notre entraîneur, s'occupait très peu de son adversaire, il voulait que son équipe soit au point, qu'elle soit pratiquement parfaite dans tous les domaines. Donc, que ce soit Ronaldo, van Nistelrooy ou Giggs, ce n'était pas son problème. En revanche, le joueur qui le prenait au marquage, c'est sûr, ne lui faisait pas de cadeaux. Sur le terrain, on ne se croisait pas trop parce qu'il jouait dans la même position que moi, mais disons qu'on sentait qu'il pouvait être dangereux à n'importe quel moment. » Encore plus puissant et surtout terriblement efficace, le Portugais finira meilleur buteur du championnat avec 31 buts inscrits en Premier League.

Une image retiendra l'attention : son doublé en phase de poule de Ligue des champions sur la pelouse du Sporting. Revenir sur la terre de ses premiers exploits, de la nostalgie, des souvenirs, là où tout a commencé, et une forme d'hommage à ses formateurs en ne célébrant pas ses buts et s'excusant presque d'avoir marqué. Le petit Madérois attire les convoitises, du Real notamment, prêt à offrir 90 millions d'euros. Mais, en janvier 2008, Ronaldo prolonge son contrat avec United jusqu'en juin 2012, devenant le joueur le mieux payé de l'histoire de Manchester devant Rio Ferdinand avec un salaire de 9 millions d'euros annuels. Pour fêter ça, le 12 janvier 2008, Cristiano signe son premier triplé chez les Red Devils, l'apogée d'un homme qui s'est parfaitement adapté à la vie en Angleterre et qui se sent bien outre-Manche. Dans le vestiaire, l'enfant de Madère est très apprécié. Le seul joueur avec lequel Ronaldo rencontrera des problèmes est néerlandais. Ruud van Nistelrooy sera dur, très dur avec le Portugais et les deux hommes en viendront une fois aux mains, à l'entraînement. À l'origine de la brouille : des propos déplacés de l'attaquant hollandais quelques semaines après la mort du père de Cristiano Ronaldo. À l'arrivée, le Portugais n'hésitera pas à lui mettre son poing dans la figure. Van Nistelrooy se serait aussi moqué de la relation privilégiée que Ronaldo entretenait avec son compatriote Carlos Queiroz, l'adjoint de Ferguson. Et que fera le manager mancunien concernant le Néerlandais ? Il le vendra en 2006 au Real, sentant que la présence de van Nistelrooy inhibait le Portugais et représentait un frein dans sa progression. Dans le vestiaire, à United, Ronaldo est très proche d'Anderson, de Rooney, mais aussi d'un Français, Patrice Evra. Sur le terrain, les deux joueurs évoluent dans le même couloir, à gauche et sont rapidement devenus amis, à tel point que le Portugais ira souvent célébrer ses buts en premier avec l'ancien Monégasque. Lors d'une interview diffusée sur France 2, dans « Stade 2 » en avril 2009, Evra et Ronaldo vont révéler les coulisses d'une relation pas comme les autres.

Evra : « La première fois que l'on s'est rencontrés, c'était lors d'un France-Portugal en moins de vingt et un ans et on s'était insultés sur le terrain ! (*rires*)... C'est la première chose qu'il m'a dit à Manchester : "Pat, tu te souviens ?" Après, Cristiano, c'est quelqu'un de simple et c'est facile de s'entendre avec lui. »

Ronaldo : « Patrice, il est toujours de bonne humeur, toujours en train de rire. C'est quelqu'un de bien et il a le cœur sur la main. On s'amuse énormément ensemble et c'est vraiment ça, le secret de notre réussite. »

Evra : « Je pense que beaucoup de gens le jugent, car ils ne le connaissent pas. Ce qui m'a surpris le plus ? C'est un grand "pro". Il connaît son talent, mais il s'entraîne pour toujours être au top. » Cristiano est surnommé « Christian Dior » par Evra dans un grand éclat de rire. Et pour les deux hommes, la consécration intervient quelques mois plus tard, en fin de saison.

Moscou, 21 mai 2008, Manchester United est opposé à Chelsea en finale de Ligue des champions. Le Portugais ouvre la marque, mais le club londonien égalise. La victoire se jouera aux tirs au but. Ronaldo manque son penalty, mais United remporte la troisième C1 de son histoire. Les récompenses se succèdent : meilleur joueur de Premier League et surtout la consécration, son premier Ballon d'or (2008) remporté devant… Leo Messi et Fernando Torres. Cristiano est le troisième Ballon d'or portugais de l'Histoire après Eusébio (1965) et Luís Figo (2000) et quatrième Ballon d'or évoluant à Manchester United. En 2008, Ronaldo commence à avoir des envies d'ailleurs, des envies madrilènes plus précisément. L'insistance du Real se fait de plus en plus pressante, mais selon nos informations, cet été-là, United refusera de lâcher son joueur vedette. Le Portugais aurait dû quitter United en 2008, mais Ferguson le retiendra en lui faisant la promesse de le laisser partir un an plus tard. L'Écossais lui demandera de jouer une dernière saison à Manchester et le manager britannique interrompra même ses vacances pour aller voir son Portugais préféré qui profite de quelques jours de repos supplémentaires après l'Euro 2008. Il lui faudra user de tous ses arguments pour convaincre Cristiano de rester, Ronaldo étant déjà très attiré par Madrid et en contacts avancés avec le club merengue… Jeremy Wilson, journaliste sportif anglais travaillant au *Telegraph*, revient sur le seul petit moment de tension entre les deux hommes : « Cette relation père-fils a été mise à mal en 2008. Ronaldo voulait signer à Madrid, mais Ferguson était furieux de la manière dont le président du Real s'était comporté. Ramón Calderón avait été voir Ronaldo dans la maison de Carlos Queiroz, l'adjoint de Ferguson à Manchester cet été-là ! Sir Alex s'était fait à l'idée de voir Ronaldo quitter United, mais à certaines conditions. Il dira à Ronaldo : "Je préfère encore te tirer dessus que te vendre à ce 'mec' maintenant. Si je te vends, je perds tout mon honneur et je te jure que, s'il le faut, je t'enverrai en tribune. Je sais très bien que cela n'arrivera pas, mais je dois te dire une chose : je ne te laisserai pas partir cette année." Finalement, ils ont trouvé un terrain d'entente : Ronaldo quitterait les Red Devils uniquement en cas d'offre record du Real*. » En 2008, Manchester ne voulait pas laisser partir Ronaldo et ne voulait surtout pas revivre le feuilleton Beckham, l'Anglais qui avait quitté le nord de l'Angleterre pour rejoindre le Real dans des conditions délétères, en conflit ouvert avec sir Alex. United voulait faire les choses en douceur, se préparer au départ du Portugais et surtout se laisser un peu de temps pour lui trouver un successeur, le nouveau prodige qui enchanterait Old Trafford.

« Il imitait très bien Carlos Queiroz et moi Alex Ferguson »

David Bellion est arrivé en même temps que Ronaldo à Manchester à l'été 2003. Formé à Cannes, l'attaquant du Red Star, ancien partenaire du Portugais chez les Red Devils, a marqué son premier but en championnat d'Angleterre sur une passe de Ronaldo. Mais il n'y a pas que ça. Des souvenirs en commun et beaucoup de bons moments passés tous les deux pendant trois ans entre 2003 et 2006.

Comment se passent vos débuts ensemble à Manchester ?

Ça s'est toujours très bien passé avec Cristiano. On est de la même génération et c'était la première fois que Manchester donnait vraiment sa chance à des jeunes qui ne sortaient pas du centre de formation des Red Devils. Lui et moi, on faisait les clowns dans le vestiaire. Le feeling est passé très rapidement. Djemba Djemba (milieu formé à Nantes et passé par Manchester entre 2003 et 2005) était encore plus proche de lui, car ils habitaient à côté et venaient ensemble en voiture à l'entraînement. Cristiano et moi, on était les rois de l'imitation. On imitait les voix, mais aussi et surtout les looks, l'attitude, la démarche. Ronaldo, c'était un phénomène à ce niveau-là *(rires)*. On a imité tout le monde dans le vestiaire, mais rien de méchant. Il imitait très bien Carlos Queiroz (entraîneur adjoint de Manchester) et moi Ferguson. Si l'on trouvait qu'un joueur avait une vague ressemblance avec une star, on collait la photo sur le tableau où il y avait toutes les informations pour les joueurs, les horaires d'entraînements... C'était toujours pris avec humour et on riait de nous aussi. Cristiano se faisait « allumer » sur son style vestimentaire et moi aussi, car on ne s'habillait pas vraiment à l'anglaise ! Parfois, on mettait de la crème chauffante dans les caleçons, on serrait à fond les lacets des crampons de certains joueurs... Tout et n'importe quoi. Avant les matchs, dans les vestiaires, on mettait en place des stratégies pour feinter. Cristiano était sympa avec tout le monde et en plus, il n'y avait pas de clans.

Comment était-il en dehors du football ?
Cristiano passait beaucoup de temps avec sa famille. De temps en temps, on organisait des soirées avec Rio Ferdinand, Fortune, Saha, Silvestre, Wes Brown... On avait tous un peu le même humour et on faisait des tournois PES (jeu vidéo de football) chez Wes Brown. Ronaldo n'aimait pas jouer, mais il venait, car il y avait une super ambiance. C'est un super « mec ». On se faisait des restos de temps en

temps, mais pas de sorties en boîtes de nuit. On n'avait pas trop de vie sociale. Il avait sa famille et la plupart du temps, tout le monde rentrait chez soi après les entraînements.

Est-ce que vous avez déjà évoqué avec lui ce fameux match entre le Sporting et United ?
Je l'ai joué ce match-là. On arrivait d'une tournée aux États-Unis et on était tous KO à cause du décalage horaire. On n'avait passé que vingt-quatre heures à Lisbonne. Il avait été incroyable, deux, trois dribbles exceptionnels qui nous avaient tous marqués. Moi, c'était la première fois de ma vie que je partais à l'étranger aussi loin. Ensuite, je me souviens de la première fois où il est arrivé à Manchester. Il était venu nous voir au stade. Il avait une grande mèche blonde qu'il a gardée très longtemps. Il était venu voir les installations, accompagné de ses proches. Il était resté discret. Face à Bolton lors de la 1re journée du championnat d'Angleterre, il était sur le banc alors que je n'étais pas sur la feuille de match. Il était rentré et, déjà, il avait réalisé des choses impressionnantes.

Pour quelles raisons cela a-t-il marché avec Ferguson ?
Parce que sir Alex ne montrait jamais ses préférences entre ses joueurs. Il se comportait

de la même manière avec tout le monde. Cristiano en a fait beaucoup plus que tous les autres et il mérite le succès qu'il connaît aujourd'hui. Je n'ai jamais vu un joueur bosser autant. Il a le talent, mais il travaille... Parfois, il restait dribbler sur le terrain vide longtemps, très longtemps après l'entraînement. Ferguson, ça lui plaisait ce type de comportement et puis il aimait aussi cette alliance de puissance et de technique. Face à certaines « petites équipes » de Premier League, Ronaldo n'avait pas besoin de forcer son talent. En revanche, à l'entraînement à Carrington, il y avait du monde en face, de très grands défenseurs (Heinze, Silvestre, Rio Ferdinand...) et ça lui permettait d'élever son niveau. Il travaillait, travaillait.

Vous l'avez vu évoluer pendant toutes ces années...

Il y avait tellement de grands joueurs à l'époque à Manchester : Verón, Giggs... Scholes aussi était un phénomène. Mais Cristiano avait ce côté acharné du travail qui lui permettait de devenir de plus en plus fort année après année. Lors de sa première saison, il était très showman avec ses dribbles et ses passements de jambes, et ensuite, il est devenu de plus en plus efficace, il est monté en puissance.

Quel était le regard des anciens sur Ronaldo ?
Ils l'aimaient bien. Mais son côté un peu cinéma, latin, « il n'y a pas faute et je tombe », ça en revanche, ça ne plaisait pas trop. En Angleterre, on met des coups, il y a de l'agressivité, mais dans le bon sens du terme. Ça déplaisait, car c'était en décalage avec la culture anglaise. Ronaldo a eu un problème avec Ruud van Nistelrooy… Ruud, c'était un super mec en dehors, mais sur le terrain, c'était l'attaquant type qui peut parfois avoir des réactions étonnantes liées à l'adrénaline. C'est sa nature. Dans son autobiographie, sir Alex a dit une chose : une fois que Ruud a arrêté d'enquiquiner Cristiano, il s'en est pris à moi. C'est faux. En fait, il y a eu un petit souci, un jour, avec van Nistelrooy : à l'entraînement, je tire, je marque et derrière il me regarde et me dit : « Tu ne m'as pas vu ? » Bah non, j'étais en bonne position, j'ai tenté, j'ai marqué. Il voulait tout le temps avoir le ballon et marquer. Étant donné que c'était la star de l'équipe, je lui devais le respect, mais je n'avais pas aimé. Keane et Giggs m'avaient défendu. Finalement, deux ou trois jours après, on s'était expliqués et ça s'est arrêté là.

Ronaldo était-il la cible de la presse anglaise ?
Oui, un peu. Il plongeait et ça, les médias britanniques ne l'avaient pas laissé passer. Il y avait

aussi eu l'affaire Rooney pendant la Coupe du monde 2006, mais ils ont été intelligents pour calmer tout ça. Cristiano, plus on lui tape dessus, et plus ça le renforce. Il a peut-être besoin de se nourrir de ça. Dans la presse, les gens disent qu'il est arrogant. Mais il a besoin de ça pour se fixer des objectifs. Il n'y va pas par quatre chemins. Après, ça plaît, ça ne plaît pas. Il est naturel, sûr de lui, mais dans le bon sens*.

La transformation physique

À Manchester, Ronaldo franchit un cap sur le plan du jeu. Mais comment dissocier sa technique de la puissance dégagée par le Portugais. Entre ses années Sporting et la période Manchester, le Portugais aura vu sa musculature exploser, le résultat d'un travail athlétique considérable. À United, Ronaldo prendra 8 kilos de muscles. Mais y a-t-il autre chose ? Interrogé, Jean-Pierre de Mondenard, médecin du sport et spécialiste des questions de dopage, livre son éclairage. « À dix-neuf ans, on peut changer en faisant beaucoup de musculation. En revanche, si vous prenez dix à quinze kilos de muscles… Mais quand on interroge le milieu du ballon rond, la réponse fuse : "Ça ne sert à rien pour être performant balle au pied." Pourtant, même des enfants peuvent comprendre que les produits dopants améliorent les qualités physiques des joueurs : ils sautent plus haut, ils tirent plus fort et ils ne connaissent pas de baisse de régime pendant toute la durée du match et même pendant le temps additionnel. "J'adore" leur argument complètement éculé qui veut faire croire que "le dopage est incompatible avec la précision du geste". Or de nombreuses substances boostent justement le toucher du ballon. Moi, je ne vis pas avec Ronaldo, il faudrait faire des expertises dans ses valises, dans les vestiaires qu'il fréquente. Mais ça ne se fait jamais, il n'y a que dans le cyclisme que l'on fait ça. Ce que l'on peut affirmer, en revanche, c'est que les footballeurs sont tous médicalisés. En 2010, Ronaldo a utilisé un appareillage dentaire, qui avait été évoqué dans un article intitulé : "L'appareil dentaire, l'arme secrète de Cristiano Ronaldo", un appareil dentaire qu'un médecin de l'AC Milan avait aussi conseillé à ses joueurs. Le protège-dents, il rééquilibre l'articulé dentaire et renforce les qualités physiques. C'est connu de longue date. C'est pour montrer qu'il y a une quête permanente de tout ce qui améliore la performance. Ronaldo a aussi utilisé le bracelet "magique". C'est pareil. Ça envoie des ondes qui vous permettent d'avoir un meilleur équilibre, une meilleure détente, de meilleures aptitudes. Quand le bracelet a été lancé il y a trois ou quatre ans, on en parlait partout, tout le monde le portait. Il y a des éléments électromagnétiques. Le bracelet et le protège-dents sont complètement autorisés. Dans le rugby notamment, ils ont des protège-dents, même si ce n'est pas pour les mêmes raisons*. »

La tentation madrilène

L'Euro 2008 vient de se terminer et Ronaldo essuie une nouvelle déception avec l'équipe nationale, éliminée en quart de finale par l'Allemagne. L'ancien joueur du Sporting sait désormais qu'il s'agit de sa dernière saison à Manchester et compte bien conclure sur une bonne note. Son début d'exercice est tronqué par une blessure et l'ailier préféré de sir Alex renoue avec la compétition mi-septembre. Chiffre fatidique, il passe le cap des 100 buts inscrits avec les Red Devils le 15 novembre 2008. Pour sa dernière année sous les couleurs mancuniennes, le Portugais remporte le championnat et la Coupe de la Ligue, mais s'incline en finale de la Ligue des champions (2-0) face au Barça de Messi. La réussite d'un homme tient souvent à peu de choses : une rencontre avec son destin, avec un guide, un conseiller. Ferguson-Ronaldo, six années d'entente, de victoires partagées. Les trois premières années passées (de 2003 à 2006) ont façonné le petit prodige, à en finir avec le dribbleur plongeur. Les trois dernières (de 2006 à 2009) le verront éclater au très haut niveau. Fergie a récupéré Ronaldo à dix-huit ans, le protégeant, le couvant, bien aidé par Francisco Filho puis Carlos Queiroz, son ancien adjoint portugais entre 2004 et 2008. Ferguson est l'homme qui a créé un plan de jeu totalement dédié à son numéro 7. Dans son autobiographie sortie en octobre 2013[1], quelques semaines après avoir pris sa retraite, sir Alex va ouvertement critiquer David Beckham, Roy Keane (milieu de terrain historique de Manchester) et Wayne Rooney en faisant tout le temps référence à l'institution Manchester. À United, personne, absolument personne n'est plus important que le club. Le manager écossais décrit un Rooney « intéressé uniquement par l'argent » et assène aussi un vrai tacle concernant Beckham : « Il pensait qu'il était plus important que moi. » Mais s'il y a un joueur dont l'ancien entraîneur des Red Devils est fan, c'est Cristiano Ronaldo. À tel point qu'il place le Portugais au niveau de deux monstres sacrés de Manchester United. « C'est le joueur le plus doué que j'ai coaché et j'en ai eu beaucoup. Les seuls que je place au même niveau sont Scholes et Giggs, qui ont tellement contribué aux succès de MU durant deux décennies. » Tellement fan que Ferguson a décliné avec courtoisie notre demande d'interview en expliquant qu'il participait actuellement à un projet de magazine vidéo avec son Portugais préféré. Ronaldo-Ferguson, deux hommes sur la même longueur d'onde. Francisco Filho analyse les raisons de la réussite de ce couple si particulier. « Alex, c'est une main de fer dans un

1. Alex Ferguson, *My Autobiography*, Hodder & Stoughton, 2013.

gant de velours. Ferguson est un fin psychologue et Ronaldo un grand professionnel. Il ne pouvait pas y avoir de désaccords et il n'y a jamais eu de gros clashs entre les deux. Ce qui s'est passé avec Roy Keane est complètement différent. Il était souvent blessé à la fin, mal dans sa peau. Il s'est mis à critiquer des joueurs qui ne donnaient pas tout sur le terrain. Ferguson l'a "viré" [il est parti au Celtic Glasgow] parce qu'il déstabilisait le club. Alex, c'est un entraîneur qui recherche l'harmonie dans son vestiaire, qu'il n'y ait pas de conflits et Ronaldo n'est pas un joueur de conflit. Regardez, même quand il y a des problèmes avec Blatter ou Mourinho, il répond toujours intelligemment. Je sais que Ferguson et Ronaldo ont gardé contact. Ils ont conservé de bonnes relations*. » L'un est exigeant et l'autre obsédé par l'excellence, un cadeau pour un entraîneur, mais également pour ses coéquipiers… Pour Jacques Crevoisier, « ça a marché d'entrée avec Alex Ferguson, car l'Écossais s'entendait toujours avec les bons joueurs. Ferguson a un certain talent pour faire jouer ses équipes et mettre en évidence les joueurs qui sont à sa disposition. Évidemment, connaissant le talent de Ronaldo, il a tout de suite respecté ce talent-là. Il a vu que ce garçon avait quelque chose de plus que les autres, mais sans lui donner un statut à part car Ferguson n'aime pas ce genre de choses. Mais à un moment donné, Ronaldo acquiert un statut particulier, car c'est lui qui fait gagner les matchs.

À la fois, on dit qu'il faut traiter les gens de la même manière, sauf que quand vous possédez une star qui vous fait gagner, vous ne la traitez pas de la même façon que le gamin de dix-huit ans qui débarque dans l'équipe. C'est un fait basique. Simplement, il ne faut pas que les privilèges qu'on accorde aux uns soient dangereux pour l'équilibre d'une équipe. Des joueurs intelligents et moyens acceptent volontiers que les stars bénéficient, entre guillemets, de considérations particulières dès lors qu'elles font gagner l'équipe et qu'elles leur font gagner des primes* ». Nicolas Vilas voit, lui, les choses différemment. « Ronaldo a quitté très jeune sa famille, restée à Madère. Il a toujours eu de bons rapports avec les entraîneurs charismatiques et paternalistes. Ferguson l'a pris sous son aile, comme l'a fait Scolari en équipe du Portugal. Avec le temps, Cristiano s'est affirmé et c'est lui maintenant qui, petit à petit, revêt ce rôle... En sélection notamment*. » Grégory Nowak va un peu plus loin : « En fait, après avoir perdu Beckham, son fils spirituel à United, avec qui ça s'était plutôt mal terminé, Ferguson a fait de Ronaldo son petit protégé. Ronaldo doit énormément à Ferguson. Il lui a appris à entrer dans un collectif et à gommer ses excès individualistes dans le jeu. Le club l'a fait progresser, vivre dans un vestiaire rempli de stars et lui a appris beaucoup de choses. » Robert Pirès confirme : « Ferguson a cru en lui. Il l'a beaucoup aidé, l'a protégé vis-à-vis des médias, quand il fallait le mettre sur le banc, il décidait de l'y mettre. Ça a été son père spirituel, c'est sûr. Si vous êtes bon et performant sur le terrain, quand vous avez un passage à vide – phénomène que tous les joueurs connaissent –, c'est là que l'entraîneur vient vous parler. Il vous protège et, surtout, il est là pour vous défendre, quoi qu'il arrive. L'Angleterre a été pour lui un passage important parce qu'il a beaucoup appris. Il a encaissé beaucoup de coups, je trouve qu'il s'est amélioré au niveau du contact, physiquement on sent que son corps s'est vraiment bien développé. Aujourd'hui, s'il n'a peur de rien, c'est certainement grâce à son passage en Premier League. »

Alors, pour quelles raisons Ronaldo a-t-il quitté United et signé au Real ? Le Portugais était-il devenu encombrant, plus important que Ferguson, plus important que l'institution Manchester ? « Encombrant », le mot est un peu fort. Pour le manager écossais, c'était tout simplement le moment de le vendre, de réaliser une opération financière exceptionnelle et il a dû sentir qu'il n'avait plus d'autre choix. Ferguson aura aimé comme un fils le joueur « le plus doué » qu'il ait jamais entraîné. « La première fois que je l'ai vu, j'ai ressenti ma plus grande excitation en tant que manager », confiera-t-il. Ferguson fera la comparaison avec ce qu'il avait ressenti quand il avait vu Paul Gascoigne pour la première fois avec Newcastle. Pour le Portugais, signer à Madrid, c'est aussi une manière de se remettre en question. Depuis son arrivée en Europe, Messi n'a connu que le Barça. Ronaldo, lui, a pris le risque de se mettre en danger dans un club qui donnerait encore plus de prestige à sa carrière. La promesse verbale de signer à Madrid avait été donnée en mai 2008 à Ramón Calderón, président du Real (juillet 2006-janvier 2009), qui a ensuite démissionné, mais Ronaldo a tenu parole. Un précontrat est signé en janvier 2009 avant la signature définitive avec Florentino Pérez, le successeur de Calderón. Juin 2009, Ferguson et Manchester réalisent le transfert le plus cher de l'histoire du football en vendant Ronaldo au Real 94 millions d'euros ! Le nouveau salaire du Portugais : 13 millions d'euros annuels, 10 millions d'euros de commissions pour Jorge Mendes et une clause de départ fixée à un milliard ! L'enfant de Madère ne pourra rester insensible plus longtemps à la proposition madrilène et souhaitait relever un nouveau challenge. Gérard Houllier analyse cela très simplement : « Dès que le Real vous contacte, c'est difficile de résister. Aller au Real, c'est plus simple que de signer au Barça, plus axé sur les joueurs issus du centre de formation, et qui fait la part belle aux jeunes de la Masia*. » Avec ses deux nouveaux espoirs, Nani et Valencia, qui présentaient des caractéristiques similaires à celles de Ronaldo, Ferguson s'est aussi peut-être dit qu'il tenait là le successeur du Portugais. Mais Ronaldo est irremplaçable et s'inscrit aussi pour cette raison dans la lignée des plus grands Mancuniens.

94 millions et quelques zones d'ombre. Le transfert à Madrid aurait été réglé un an avant, en 2008. Une clause de 30 millions a même été évoquée si le Real se désistait au dernier moment... 30 millions à verser à Jorge Mendes ? En tout cas, une chose est sûre : le transfert de Ronaldo au Real Madrid a été réglé dès le printemps 2008. Mais selon Ramón Calderón, l'ancien président madrilène, invité, le 1er mars 2014, de la radio britannique TalkSport, Ferguson a proposé Cristiano Ronaldo au FC Barcelone quelques semaines avant son transfert au club de la capitale espagnole ! « Les dirigeants catalans étaient très heureux, mais finalement, Cristiano Ronaldo a dit à sir Alex : "Je n'irai pas dans un autre club que le Real." » Madrid, et uniquement le Real Madrid, notamment pour faire plaisir à sa mère qui rêvait de le voir sous les couleurs merengues... Ronaldo-Ferguson, fin de l'histoire.

26 juin 2009, le Portugais quitte Manchester, avec des souvenirs en tête, ému et signe dans le club du roi d'Espagne, Juan Carlos. Une nouvelle ère, une nouvelle page s'ouvre : l'une des plus belles rivalités de l'histoire du football. Ronaldo *vs* Messi. Il est temps de se confronter à son plus grand rival.

CHAPITRE 3

La Selecção, l'amour de la patrie

Cristiano Ronaldo est devenu la star de la sélection portugaise au fil des années, s'imposant comme la grande référence. L'attaquant lusitanien a surtout réussi à se faire une place dans cet univers très particulier qu'est la Selecção...

Beaucoup de sélectionnés, mais très peu d'élus et peu de joueurs qui arrivent réellement à se stabiliser au sein de l'équipe nationale. Quaresma, Nani, Hugo Viana... De futures stars en devenir, souvent confinées à des rôles de doublures. Depuis onze ans et sa première convocation, Cristiano Ronaldo a presque toujours été appelé en sélection. L'histoire d'amour entre l'attaquant lusitanien et la Selecção débute donc pendant l'été 2003, le 20 août à Chaves, dans le nord du Portugal, face au Kazakhstan. Victoire 1-0 des Portugais grâce à un but de Simão Sabrosa... Une équipe alors composée de grands joueurs à l'image de Rui Costa, Deco, Pauleta, Costinha et Luís Figo, l'icône du football portugais de l'époque et Ballon d'or 2000... Et un jour qui marquera l'histoire. Au retour des vestiaires, Cristiano Ronaldo, jeune joueur de dix-huit ans, remplaçant au coup d'envoi, entre sur le terrain en seconde période... Un joueur sans complexes qui, en deux minutes, bouscule le match avec une accélération côté droit et une belle frappe. Du culot, de l'ambition, un talent précoce. Il fera encore mieux deux mois plus tard, le 11 octobre 2003, face à l'Albanie, titulaire cette fois-ci, pour la première fois. Son premier but, il interviendra presque un an plus tard, mais quel symbole ! Premier match de l'Euro 2004 au Portugal, match d'ouverture face à la Grèce au stade de la Luz à Lisbonne, Cristiano Ronaldo rentre à la mi-temps, mais ne peut empêcher la défaite lusitanienne. L'attaquant portugais réduira la marque en toute fin de rencontre de la tête sur un corner de Figo, mais avait auparavant été à l'origine d'un penalty en faveur de la Grèce en fauchant Seitaridis dans la surface. Des débuts en demi-teinte donc, mais très importants pour un jeune joueur de dix-neuf ans qui va s'installer petit à petit dans le onze de départ.

Figo, Rui Costa, Pauleta : des cadres protecteurs

En sélection, mieux vaut être adoubé par des joueurs au solide vécu international, par les icônes portugaises. En équipe nationale, il est toujours très difficile de se faire une place. Il faut être patient, respecter les anciens et faire preuve d'humilité, attendre son tour et ne surtout pas laisser passer sa chance quand elle se présente. Quand un jeune joueur arrive en sélection, les cadres ont tendance à le remettre à sa place, surtout quand ses premiers matchs ne sont pas à la hauteur des espérances. Pour Régis Dupont, Cristiano Ronaldo a eu des débuts difficiles et n'aurait pas dû être appelé pour l'Euro 2004 : « En 2003, ses premières prestations en sélection ne sont pas terribles. À l'époque, à Manchester, c'est un joueur en devenir encore irrégulier et, surtout, il participe au fameux match de Clermont-Ferrand avec les espoirs portugais contre les espoirs français. Djibril Cissé rate l'Euro à cause de cette rencontre [expulsé et suspendu 5 matchs]. Ronaldo fait partie de cette équipe du Portugal qui a mis à sac son vestiaire. Ronaldo refuse également, comme toute son équipe, de se soumettre à un contrôle antidopage inopiné, mais passe entre les gouttes. Il aurait pu être suspendu un an par l'UEFA et rater l'Euro 2004 au Portugal. Au début du championnat d'Europe, il commence comme remplaçant et personne ne croit une seconde qu'il va être titulaire pendant le tournoi. Et il finit l'Euro dans le onze type. Il a la petite réussite du champion*. »

Débuts difficiles, des actes a priori inacceptables avec les espoirs, et pourtant il s'impose dès sa première grande compétition. Dupont a l'explication. « Au bout de quelques entraînements, ils ne sont pas fous, ils voient qu'il est meilleur que les autres. Avec

Figo, il n'y a jamais eu de soucis. Il faut se souvenir de la Coupe du monde 2006 et ce fameux match de Nuremberg entre les Pays-Bas et le Portugal, en huitièmes de finale. Ça commence fort, Ronaldo se fait agresser en permanence par Boulahrouz, le défenseur néerlandais. Figo voit ça et dit à Ronaldo : "Écoute, on va inverser." L'un passe à gauche, l'autre à droite. Et dix minutes plus tard, Boulahrouz est exclu. Figo s'est dit que "le petit jeune allait exploser. Je vais passer du côté de Boulahrouz et c'est moi qui vais le faire disjoncter". C'est ce qui s'est passé et le Portugal s'est qualifié. Ronaldo a toujours été un peu protégé. Figo aurait pu se dire : "Le petit jeune, il va se calmer", mais il est intelligent alors que, finalement, il était un peu moins doué que Ronaldo. Luís Figo, joueur extrêmement professionnel qui s'entraînait plus que les autres, a été un véritable exemple pour Cristiano. Il aurait pu y avoir une rivalité, mais il n'y a jamais eu de problèmes entre les deux hommes. Figo était capitaine de la sélection et Cristiano Ronaldo allait être le futur très grand joueur et capitaine de la Selecção. En plus, Cristiano est très facile à vivre dans le vestiaire. » Ronaldo a convaincu ses coéquipiers, mais pas forcément les journalistes et le public qui le trouvent individualiste et pas forcément à la hauteur de ses prestations en club à Manchester United. Nuno Farinha, journaliste chez *Record*, ajoute : « Il faut comprendre une chose, la réalité en sélection ne correspond pas à ce que vous pouvez vivre en club. Le temps que l'on passe en sélection est bien plus court et les routines ne sont pas les mêmes. C'est rare de nos jours de voir un joueur qui brille plus en sélection qu'avec son club. Cristiano Ronaldo n'est pas un cas à part. Cela n'arrive jamais. Il y a un cas particulier, un vrai joueur de sélection : Pedro Pauleta. Il était au même niveau en sélection qu'en club. Il est vrai également qu'il n'avait qu'un seul objectif sur le terrain : marquer. À ce niveau-là, vous n'avez pas besoin d'autant de routine que cela. Pauleta, c'était un buteur pur ! Cristiano Ronaldo n'a pas ce profil, comme beaucoup d'autres joueurs qui jouent à son poste, il a mille choses à faire sur le terrain. Naturellement quand les routines ne sont pas là, dans des situations difficiles, et quand il faut faire quelque chose pour inverser le cours du match ou que les choses ne se passent pas bien, Cristiano fait appel à ce qu'il a en plus : une énorme capacité technique, une vitesse incroyable et un tir puissant. On peut dire qu'il assume ses responsabilités, en contrariant un peu l'esprit d'équipe. Je pense que les gens l'ont compris maintenant, surtout après les barrages face à la Suède[1]. » Cristiano l'international portugais, un vrai bon coéquipier prêt à tout pour l'amour de la patrie.

1. En novembre 2013, le Portugal se qualifie pour le Mondial 2014 grâce à quatre buts signés Ronaldo.

« Mets-moi Desailly ou qui tu veux, je lui ferai mes feintes »

Nous sommes en 2002, Cristiano Ronaldo commence à peine à apparaître dans le panorama du football portugais au Sporting, son club formateur. Et pourtant il est déjà essentiel dans l'équipe du Portugal des moins de dix-sept ans. Comment était-il à l'époque ? Petit voyage dans les coulisses de la sélection portugaise avec l'un de ses anciens coéquipiers, Wilson Sanches Leal, ancien joueur professionnel passé par Cannes et Créteil et qui a porté les couleurs du Portugal lors de l'Euro 2002 des moins de dix-sept ans au Danemark.

Vos premiers contacts avec Cristiano Ronaldo ont été assez particuliers...
J'avais fait un stage de trois jours et la première fois que j'ai été convoqué, Cristiano et Semedo, qui jouait également au Sporting, sont venus me voir et m'ont dit : « Avec notre manager, on a vu que tu étais un bon joueur. On souhaiterait que tu viennes jouer au Sporting. » Ma réaction sur le coup ? Je leur ai annoncé que je venais de signer un contrat de cinq ans avec Cannes. Ils m'ont répondu : « On va le dire à notre manager et on va voir. » Mais comme j'avais signé un contrat avec l'AS Cannes, finalement ça ne s'est pas fait.

Votre relation a-t-elle ensuite évolué ?
Petit à petit, on a commencé à sympathiser. Du coup, on était un peu la colonne vertébrale de l'équipe parce qu'il y avait Semedo qui jouait défenseur, moi au milieu de terrain et Cristiano en pointe. Il m'adorait, car je l'alimentais en bons ballons et les autres ne le trouvaient pas forcément dans les meilleures positions. D'ailleurs, lors d'un match contre les Pays-Bas, ma première rencontre, Ronaldo est en difficulté. Il ne touche pas une « bille ». Les Hollandais nous mettaient le feu et le coach me dit au bout de trente minutes : « Wilson, va t'échauffer. » Je rentre à la mi-temps, on gagne 3-0, Cristiano marque trois buts, et après ce match, je suis devenu titulaire. On s'entraînait tout le temps ensemble, Semedo, Cristiano et moi. Il était très marrant. Après ce match face aux Pays-Bas, Cristiano était content de moi et il a dit au coach qu'il y avait intérêt que je sois sélectionné pour disputer le championnat d'Europe (au Danemark en 2002). En plus, j'étais en concurrence avec le capitaine, donc c'était très particulier.

Ronaldo a-t-il influencé le sélectionneur ?
Cristiano n'a pas mis la pression, mais dans les premiers matchs, il m'appréciait parce qu'il disait que j'avais des qualités. Il m'appelait Wilson de Cannes !

Il vous impressionnait ?
Oui, il avait déjà une aura particulière. À l'entraînement on le regardait, il nous inventait des feintes. On le regardait tous. On avait des exercices et il inventait plein de choses. Je me disais : « C'est phénoménal. » Une fois, je lui ai demandé : « Si un jour tu as Marcel Desailly devant toi, tu crois que tu pourrais lui faire ça ? » et il m'a répondu : « Mets-moi qui tu veux, je lui ferai mes feintes. » Il n'avait pas tort.

On dit de lui que c'est un acharné à l'entraînement, c'était déjà le cas ?
C'est un bosseur. Il disait que c'était insupportable, car, au Portugal, on les empêchait de faire de la musculation jusqu'à un certain âge, et lui voulait se muscler, il voulait être fort pour rapidement jouer avec les pros. Il devait donc se contenter des abdos-pompes, mais il était déjà très costaud à dix-sept ans. Cristiano était déjà très, très fort physiquement. D'ailleurs, quand on a joué contre l'équipe de France (Clichy, Briand, Zubar, Medjani…), il a « pété les plombs », car les Français se mettaient à deux ou trois sur lui à chaque fois et on a été éliminés (défaite 2-0). Il l'avait très mal vécu, d'ailleurs il avait pris un carton rouge contre la France. À cette époque-là, il jouait en pointe, pas sur les ailes. De temps en temps, il changeait, soit il allait à gauche, soit à

droite, mais plutôt à gauche, comme ça il pouvait rentrer sur son pied droit.

Vous étiez dans le même hôtel que les petits Bleus, comment voyaient-ils Ronaldo ?

Ils me disaient : « Qu'est-ce qu'il est fort, ce mec ! » Je servais de traducteur. On se disait déjà : « C'est fou à quel point il est bon. » Franchement j'ai vu de très bons joueurs, qui m'ont marqué et certains sont devenus professionnels, mais Ronaldo était phénoménal. La première fois que je l'ai vu – c'était à l'entraînement –, je me suis dit : « C'est sûr, il va être professionnel ! » Maintenant, quel genre de joueur deviendra-t-il ? Je le voyais déjà dribbler les meilleurs défenseurs au monde. Il est grand, physique et il a de tout petits pieds. D'ailleurs c'est pour ça qu'il arrive à frapper le ballon ainsi. Comparé à son gabarit, ses pieds sont très petits.

C'est quelqu'un qui intervenait durant les matchs ? Dans les vestiaires ?

Oui il prenait la parole. Cristiano était très sûr de lui et très « chambreur ». Il avait une énorme confiance en lui, il n'était pas arrogant. Au contraire, il encourageait beaucoup. En revanche, ce n'était pas le genre de coéquipier à dire : « Ce n'est pas grave », c'était plutôt « Vas-y, applique-toi ». Il avait la *grinta* (les crocs) et voulait toujours gagner.

Comment était l'ambiance à l'hôtel ou lors des rassemblements ?

Dans les chambres, c'était vraiment un bon vivant. Il aimait bien rigoler. À l'hôtel, on jouait à la PlayStation, il racontait des blagues, des histoires. J'en ai d'ailleurs une à vous raconter. On était en rassemblement à côté d'Estoril et notre sélectionneur nous dit : « Vous avez votre après-midi, mais allez vous reposer dans vos chambres. » Là, on entend des dérapages, et on se demande ce que c'est. On sort et on voit Cristiano et deux autres joueurs sur des petits vans que les jardiniers utilisaient pour mettre leurs outils et se déplacer dans le campus. Ils faisaient des dérapages. On rigole bien, et au moment de rentrer dans les chambres, eux veulent faire un dernier tour. On leur dit : « Arrêtez, car le coach va arriver », mais ils continuent. Ils font un dérapage, mais la camionnette fonce dans un arbre au milieu d'un petit rond-point. Ça a fait un bruit énorme. Ensuite, on est rentrés dans les chambres. Le coach nous appelle tous et nous dit qu'il va falloir assumer cet incident, que les responsables vont être sanctionnés, suspendus, qu'ils ne joueront pas les matchs, seront interdits de sélection. Alors, Cristiano se lève : « Bon, coach, je vous le dis, c'est moi et j'étais tout seul à conduire. » Franchement, il a été courageux. Le sélectionneur le remet à sa place, lui dit que c'est inadmissible, qu'il va en faire part à son club, et Cristiano répond : « Faites ce que vous voulez, je vous dis juste que je suis le seul et unique responsable. Il ne faut pas sanctionner les autres. » Il a, paraît-il, écopé d'une petite amende, mais n'a pas été interdit de sélection, c'était impossible, c'était le meilleur joueur de l'équipe. On ne pouvait pas se passer de lui.

Avait-il des rivaux chez les moins de dix-sept ans ?

Il y en avait bien un, ce n'était pas un très grand joueur. Un jour, il s'est permis de rigoler alors qu'il avait manqué pas mal d'occasions. En le « charriant », Cristiano lui dit : « On rigole, mais c'est inadmissible de manquer autant d'occasions. Moi, il me suffit d'en avoir une pour la mettre au fond », et là ils se sont disputés. Cristiano lui dit : « Tu oses te disputer avec moi ? Mais combien de buts as-tu marqués ? » L'autre joueur le regarde et lui dit : « Bon OK, d'accord, j'arrête de la ramener. » Franchement, quand on ne le connaît pas, on peut penser qu'il est arrogant, mais j'ai passé du temps avec lui et ce n'est pas du tout le cas. C'est quelqu'un qui est sûr de lui, mais tu ne peux pas lui en vouloir. Au contraire, c'est une force*.

Scolari, plus qu'un sélectionneur

Ronaldo, le petit jeune qui fait déjà parler de lui et qui commence à s'imposer chez les professionnels, couvé par des entraîneurs paternalistes : Bölöni (Sporting), Ferguson (Manchester United)... et évidemment Luiz Felipe Scolari, son premier sélectionneur en Selecção. De 2003 à l'été 2008, le Brésilien a été le sélectionneur qui a offert au Portugal ses plus belles pages : une deuxième place à l'Euro 2004 et une demi-finale lors de la Coupe du monde 2006. Sous ses ordres, une génération dorée emmenée par Luís Figo, mais le sélectionneur champion du monde 2002 avec le Brésil se met vite en tête de donner du temps de jeu aux jeunes et les intégrer à la sélection le plus rapidement... Concernant Ronaldo, la transition entre les espoirs et les A se fait très rapidement. En 2002, le Portugais disputait le championnat d'Europe des moins de dix-sept ans, et en 2004, le voilà propulsé titulaire de la sélection en finale de l'Euro disputée au Portugal et perdue par la sélection devant la Grèce.

Luiz Felipe Scolari est considéré par Ronaldo comme un père spirituel, qui aura été très présent lors d'un moment si difficile, l'un des plus difficiles de la vie du Portugais, la mort de son père Dinis, le 7 septembre 2005. « Ronaldo était tout pour mon père, et réciproquement, a un jour expliqué Elma, l'une des sœurs de Cristiano. Il a tout fait pour essayer d'aider mon père [dans son combat contre la maladie]. »

La relation Scolari-Ronaldo est donc en grande partie liée à la disparition du père du Portugais. Scolari en personne sera l'homme qui annoncera à un jeune homme de vingt ans le décès de Dinis à quelques heures d'un Russie-Portugal, crucial dans les éliminatoires pour la Coupe du monde 2006. « Nous avons eu une longue conversation. Il était calme et nous avons partagé cette douleur, se souvient le sélectionneur. Je lui ai demandé s'il voulait jouer, et il a répondu oui. » En Russie, le jour de la mort de son père, Ronaldo sera élu homme du match (0-0), le meilleur moyen de rendre hommage à un père si fier de son fiston à la force de caractère incroyable. Depuis ce jour de septembre 2005, Luiz Felipe Scolari est devenu un vrai symbole au Portugal et pourtant, à ses débuts, il avait été très critiqué. Eduardo Gonçalves, journaliste à la radio publique Antena 1, resitue le contexte. « Il faut se rappeler que Ronaldo a été mis en avant par Luiz Felipe Scolari, qui avait pas mal d'opposants et d'ennemis. Du coup, le sélectionneur de la Selecção a été attaqué quand il a commencé à le titulariser. Il l'a même intronisé capitaine de la sélection, ce qui a soulevé encore plus de polémiques, mais Scolari est ainsi fait, "têtu comme un âne". Cristiano a tout de même répondu aux défis imposés et il l'a démontré sur le terrain*. » Ronaldo s'est toujours très bien entendu avec ses entraîneurs à l'exception de Mourinho et a beaucoup gagné en maturité aux côtés de Scolari.

Il a notamment appris à gérer les grands événements, ce qui lui vaut aujourd'hui d'être le leader incontesté, « o comandante » de la sélection portugaise.

Ronaldo, le vrai patron de la Selecção ?

Le 6 février 2007, lors d'un match amical entre le Portugal et le Brésil disputé à Londres, Cristiano Ronaldo entre pour la première fois sur la pelouse avec le brassard de capitaine, sous l'ère Scolari. Une première heureuse puisqu'elle se solde par une victoire (2-0). Un match particulier, marqué cette fois-ci par le décès de Carlos Silva, vice-président de la Fédération portugaise de football, quelques jours avant la rencontre. Silva avait fait une dernière demande au sélectionneur du Portugal : « Pour ce match, il m'avait demandé de confier le brassard à Cristiano parce qu'il joue ici en Angleterre, et il serait certainement chahuté par les supporters britanniques. Je me suis senti honoré de pouvoir accéder à ce souhait même si Carlos n'était plus avec nous. » L'attaquant lusitanien s'installera définitivement en tant que capitaine sous l'ère Queiroz, sélectionneur de 2008 à 2010... Ronaldo est donc devenu ce leader, ce chef qui aujourd'hui assume totalement cette responsabilité. Pour Nuno Farinha, « aucun joueur n'est mature à vingt ans, il faut être réaliste. La maturité arrive avec le temps. Cristiano est capitaine depuis plusieurs années, je pense qu'il a été nommé bien trop tôt. À mon avis, à l'époque, il n'était pas prêt, mais maintenant il l'assume complètement. À trente ans, il est prêt à assumer. C'est un joueur qui défend l'esprit de groupe, qui connaît son statut et l'importance qu'il a, un joueur qui est un exemple pour ses coéquipiers. Le premier jour de chaque rassemblement en sélection, Cristiano Ronaldo ne s'entraîne pas, il se repose, car il arrive surchargé de travail à cause des entraînements, des matchs et de la pression qu'il subit dans son club. Mais quand il va s'entraîner, quand il est prêt, il le fait avec une intensité maximale ». Régis Dupont poursuit : « Je pense qu'il assume mieux la pression. Si on doit faire un reproche à son entourage, c'est celui-ci : je ne suis pas sûr qu'ils soient capables dans les moments décisifs de lui apporter la sérénité dont il aurait le plus besoin. J'avais vu son agent, Jorge Mendes, avant la demi-finale de l'Euro 2012 [perdue face à l'Espagne], et il était dans un état de nervosité hallucinant. C'était moi qui le rassurais. C'était un petit garçon qui se disait : "Oulala, mon poulain peut gagner un championnat d'Europe" et du coup je pense que son cœur a battu toute la journée à 150. Ronaldo savait très bien qu'il jouait gros dans ce match contre l'Espagne. Aujourd'hui, l'équipe du Portugal lui est totalement dévouée, ça aide. Ce n'était jamais arrivé en 2008 ou en 2010, décrypte le journaliste français. Il y avait un schéma de jeu différent parce qu'il y avait Deco, et l'ancien joueur du Barça, surtout à la fin, n'était pas un joueur qui accélérait le jeu. C'était une équipe qui "tricotait" beaucoup. Là, le jeu a totalement évolué. À l'Euro 2012, c'était très simple : on cherchait Moutinho puis systématiquement Ronaldo dans la profondeur, et c'est ce qui a marché. Cela a également fonctionné contre la Suède [en barrages]. » Le championnat d'Europe en Pologne et en Ukraine sert de déclic à l'enfant de Madère. Ses deux premiers matchs ne sont pas bons, il est maladroit. Contre le Danemark, le Portugal doit être éliminé, mais se qualifie miraculeusement. Derrière, l'attaquant madrilène est exceptionnel contre les Pays-Bas et la République tchèque. Face à l'Espagne, il manque l'occasion ultime à cause d'une passe un peu moyenne. En revanche, les qualifications pour le Mondial 2014 n'ont pas été brillantes, un mal récurrent depuis des lustres en Selecção, mais l'équipe peut toujours compter sur son leader... À l'image de ces deux matchs de barrages pour la Coupe du monde 2014 face à la Suède, où le capitaine a pleinement démontré sa capacité à assumer ses responsabilités : une victoire du Portugal 1-0 à l'aller (but de Ronaldo) et un succès au retour 3-2 avec un triplé du Portugais. Carlos Queiroz, l'ancien adjoint de Ferguson à Manchester et ancien sélectionneur du Portugal (2008-2010), a été l'un des rares à titiller l'icône après la qualification portugaise : « Si Ronaldo avait été aussi bon lors de la Coupe du monde en Afrique du Sud[1]... » pestait l'ancien entraîneur du Sporting avec qui le courant avait eu du mal à passer à la fin...

Au Portugal, quelques voix s'élèvent de temps à autre, mais elles ne sont pas très nombreuses. Une question revient de plus en plus avec insistance malgré tout : Ronaldo fait-il l'équipe ? Influençait-il Bento dans ses choix ? Petit exemple avec le cas Nélson Oliveira. L'ancien attaquant rennais a-t-il fait les frais d'un certain Portugal-Israël où, à un moment précis du match, il a préféré frapper que de donner le ballon à son capitaine... Ronaldo a-t-il intimé l'ordre à son sélectionneur de le mettre de côté lors des barrages contre la Suède ? « Je ne sais pas d'où vient cette rumeur ! déclare d'entrée Oliveira au quotidien *Record* le 12 novembre 2013. Si c'est à cause du ballon que je ne lui ai pas donné, ça a été une décision que j'ai prise sur le moment, ce n'était pas la bonne, c'est tout. C'est une rumeur 100 % fausse. Cristiano Ronaldo a toujours été sympa avec moi. »

Ronaldo bénéficie-t-il d'une influence si considérable dans le onze de portugais, d'un statut particulier qui lui permettrait même de décider de l'équipe ? Non, absolument pas, selon Régis Dupont. « Au Portugal, il y a quatorze ou quinze joueurs qui se détachent et ils sont tous à l'Euro, tous à la Coupe

1. Le Portugal avait été éliminé en huitièmes de finale par l'Espagne en 2010.

du monde. Ronaldo ne bloque pas la sélection d'un joueur, jamais. En revanche, ce qu'il avait obtenu de Bento, qui fait partie de l'écurie Mendes [de toute façon, tous appartiennent à l'écurie Mendes], c'est qu'aujourd'hui le Portugal joue d'une manière qui le met plus en valeur. Sous Carlos Queiroz, c'était une équipe qui jouait le contre, un peu à la Mourinho, on abandonne le ballon, on est très prudent et on compte sur un coup d'éclat de Ronaldo. Aujourd'hui, cela reste une équipe qui joue en contre, mais aussi capable de prendre l'initiative du jeu et de dominer son adversaire, et qui ne demande pas à Ronaldo de défendre le long de la ligne. Avec Paulo Bento, ils s'entendaient bien parce que le successeur de Queiroz avait bien conscience que Ronaldo avait la clé. Sans son capitaine, le Portugal ne passe pas le premier tour de la Coupe du monde. » Dans le vestiaire, il n'y a qu'un patron accompagné de son fidèle lieutenant et coéquipier au Real : Pepe. En match, paradoxalement, Ronaldo laisse les clés à son défenseur central qui commande, donne les directives. Sinon, pendant les rassemblements, Cristiano fait du Ronaldo, infernal, cherche des partenaires pour jouer au ping-pong, au baby-foot, n'importe quel jeu, et il veut toujours gagner, à longueur de temps, toujours le même refrain, la victoire ! Pour ses partenaires, Ronaldo est un moteur incroyable et crée une véritable émulation en sélection. Cristiano est un homme respecté qui va vers les autres au quotidien.

C'est un leader, un commandant, pour reprendre les propos provocateurs de Sepp Blatter, le président de la Fifa. Mais en équipe nationale, son palmarès reste désespérément vide.

Hugo Almeida, avant-centre du Portugal et du Kuban Krasnodar en Russie, cherche à mettre en perspective : « C'est un joueur très précieux pour nous, et il a aussi besoin de ses coéquipiers. Mais on a plus besoin de lui que réciproquement. En ce moment, il récolte les fruits du travail réalisé depuis des années. Cristiano est un joueur très important en tant que capitaine, car la sélection est en phase de transition et on voit pas mal de joueurs partir tandis que des jeunes arrivent. Étant le joueur le plus expérimenté et en tant que leader, il parle beaucoup avec le groupe, il nous met en garde et nous précise que nous y gagnerons tous*. »

De son côté, Anthony Lopes, international portugais et gardien de l'Olympique Lyonnais, décrit l'homme, sa manière d'être : « J'ai eu un bel accueil de la part de Cristiano lors de ma première convocation. Il m'a mis à l'aise tout de suite comme tous les coéquipiers de la sélection. Un capitaine, ça parle, et lui le fait, même si au Portugal tout le monde a son petit mot d'encouragement à dire. C'est ce qui fait la force de cette sélection*. » Miguel Lopes, arrière latéral droit du Portugal et ancien Lyonnais, va encore plus loin : « La première fois que je me suis entraîné avec Ronaldo, c'était en sélection, quand j'ai été appelé pour disputer l'Euro 2012. C'est là que je l'ai connu. Il m'a très bien accueilli, on a beaucoup rigolé ensemble à cause de la musique, car à chaque fois que j'étais convoqué j'y allais avec de nouveaux titres, et ils aimaient tous ma musique. Du coup, on mettait mes chansons dans le vestiaire. On a d'ailleurs créé une petite musique que l'on chantait tout le temps pendant le championnat d'Europe. On la chantait avant les matchs et après si on avait gagné. Ça a été une ambiance fantastique. Dans le vestiaire, il nous transmet sa confiance et même sa manière de jouer nous rassure pendant les matchs. En tant que capitaine, s'il doit faire des remarques à quelqu'un sur le terrain, il le fera, et on accepte sans problème, car on sait qu'on va s'améliorer. C'est un leader-né*. »

Les joueurs de la Seleçção fans de leur leader sont légion. Pour preuve, cette interview de Ronaldo à la fin du célèbre barrage retour en Suède racontée par Hugo Gilberto, journaliste sportif à la RTP, la télévision portugaise. « Alors que je suis en train d'interroger Ronaldo, Bruno Alves, le défenseur central de l'équipe nationale, arrive et nous envoie : "Cristiano, tu es le meilleur du monde* !" » Ce 19 novembre 2013 restera pour toujours un souvenir très particulier pour les amoureux de football portugais, le jour où Ronaldo, auteur d'un triplé, a égalé le record du nombre de buts en sélection appartenant à Pedro Miguel Pauleta (47 réalisations). Un capitaine respecté et aimé, une véritable idole pour les Portugais, mais pas encore au rang de légende, au niveau de LA légende du football lusitanien, Eusébio, l'homme qui emmena le Portugal à la troisième place du Mondial 1966.

Eusébio-Ronaldo, la légende et son héritier

Le 5 janvier 2014, Eusébio s'éteint à l'âge de soixante et onze ans à Lisbonne, victime d'un arrêt cardio-respiratoire. « Le roi est mort, vive le roi. » Au Portugal, Cristiano Ronaldo est l'héritier naturel d'Eusébio da Silva Ferreira. D'ailleurs, l'attaquant du Real rendra hommage à son aîné sur les réseaux sociaux avec cette petite phrase : « Toujours éternel, Eusébio. Repose en paix. » Entre les deux hommes, cela a toujours été très cordial, excepté en octobre 2013. Eusébio, qui avait vu Cristiano Ronaldo le dépasser au classement des meilleurs buteurs de la sélection, s'était quelque peu énervé contre les journalistes qui sans cesse le comparaient à son héritier. « Je suis triste parce qu'il n'y a pas lieu de faire cette comparaison. Moi, j'ai joué 60 matchs et j'ai marqué tous ces buts. Aujourd'hui, c'est plus facile. Moi, je n'ai jamais joué contre le Liechtenstein et l'Azerbaïdjan. » Eusébio est auteur de 41 buts en 64 matchs, soit un ratio largement supérieur à celui de CR7 et ses 52 buts marqués en 118 sélections. Quelques jours plus tard, le Madrilène, qui connaît l'importance d'Eusébio au Portugal, préférait ne pas en rajouter : « Les records sont faits pour être battus. Je me sens bien car Eusébio sera toujours Eusébio et Cristiano restera Cristiano. C'est normal qu'il y ait des comparaisons, mais il ne devrait pas être triste, car il sera toujours là [dans l'histoire]. »

Une rivalité malsaine entre les deux ? Inimaginable. Régis Dupont nous livre sa version : « Eusébio, cette comparaison permanente, ça l'énervait. Sur le fond, elle n'a pas beaucoup de sens. Eusébio était le grand joueur portugais du grand Benfica, à l'époque où le Portugal était le tiers-monde de l'Europe. C'était la dictature, fermée sur elle-même. Le Benfica de l'époque, c'était une équipe extraordinaire ; le Barça d'aujourd'hui, c'était l'équipe qui dominait le football européen voire mondial. Cette équipe dominait son époque. D'ailleurs, avant Ronaldo, la seule grande performance du football portugais [sans oublier les demi-finales des Euro 1984 et 2000], c'est le Mondial 1966 avec une équipe basée surtout sur des joueurs du Benfica. C'est aussi ça qui crée le décalage. Eusébio était puissant, physique, rapide, technique, il avait tout. Les deux ont un profil qui se rapproche, à la fois technique et physique de joueur très complet. » Eduardo Gonçalves, lui non plus, ne veut pas donner trop de sens à cette comparaison. « On parle de deux athlètes qui n'ont pas vécu à la même époque. On peut dire que chacun a eu sa période de gloire. Eusébio était une figure au Portugal qui se rapproche d'Amália Rodrigues, la plus grande chanteuse de fado, c'est une figure incontournable. On a pu le voir lors de ses funérailles, Eusébio était une figure du pays et il est entré dans l'histoire de son vivant, ce qui est prodigieux. Eusébio est né au Mozambique, mais il était portugais et il fait partie de notre histoire. Moi, je ne les comparerai jamais, car il n'y a pas de légitimité à le faire. D'ailleurs, les réalités ne sont pas les mêmes. Eusébio a joué avec des ballons en cuir, cousus à la main et qui pesaient aussi lourd qu'un baril de vin. Il n'a pas connu les mêmes conditions de jeu que Cristiano Ronaldo actuellement. Ce serait une comparaison complètement faussée. Si aujourd'hui nous avions Eusébio en vie et avec l'âge de Cristiano, s'ils étaient de la même génération, on aurait deux grands talents. Cristiano est aujourd'hui le meilleur sportif portugais, mais Eusébio l'a été aussi en son temps. » En rendant hommage à « la Pantera negra » (« la Panthère noire »), José Mourinho, l'entraîneur portugais de Chelsea, interviewé par la chaîne RTP, a clairement défini ce que symbolisait Eusébio pour le peuple lusitanien. « C'est un grand seigneur de notre pays. Je pense qu'il est immortel. Nous savons tous ce qu'il a pu représenter pour le football, et spécialement pour le football portugais. Je ne dirais pas que je me suis inspiré de lui, mais c'est une référence importante, dans sa vision du football, dans ses valeurs, ses principes, ses émotions et cela même après la fin de sa carrière. Il laisse un grand vide, mais je préfère envisager cela dans la perspective de l'immortalité. D'une génération totalement différente, Eusébio, si l'on tente d'établir un parallèle avec le football d'aujourd'hui, serait au niveau des meilleurs footballeurs. S'il avait eu vingt ou trente ans actuellement, il aurait eu un niveau stupéfiant. » Eusébio, le premier Portugais à remporter le Ballon d'or en 1965, l'homme aux 473 buts en 440 matchs avec le Benfica... Ronaldo et Eusébio seront dans le fond toujours comparés... À l'image de Zidane et Platini, Messi et Maradona... Quel est le meilleur ?

Une chose est certaine, la patrie portugaise leur est reconnaissante. À cinquante ans, Eusébio avait reçu la Légion d'honneur « Grã-Cruz da Ordem do Infante D. Henrique », alors qu'à vingt-neuf ans, l'attaquant madrilène vient d'obtenir la Légion d'honneur « Grande-Oficial da Ordem do Infante D.Henrique ». « Grã-Cruz » est une récompense un cran supérieur, mais la carrière de Ronaldo est loin d'être terminée.

Une Légion d'honneur méritée ?

Le moment est solennel, bien encadré par un protocole très précis. Le 20 janvier 2014, Cristiano Ronaldo est reçu au palais de Belém, la résidence du chef de l'État, par le président de la République portugaise, Aníbal Cavaco Silva, pour y recevoir la Légion d'honneur. La cérémonie, prévue initialement le 7 janvier, avait été reportée au 20 janvier après le décès d'Eusébio, trois jours de deuil national ayant été décrétés. Le Portugal perd l'une de ses légendes, mais célèbre son digne héritier, fait le deuil en récompensant le nouvel attaquant star de la Selecção. À Lisbonne, sous un soleil d'hiver, les journalistes arrivent en masse au palais présidentiel, mais seule la télévision publique, la RTP, est autorisée à filmer la cérémonie à l'intérieur de la salle « das Bicas ». Dehors sur le patio « dos Bichos », une cinquantaine de journalistes attendent, patientent. Et ils vont attendre longtemps, très longtemps... Des médias portugais, mais également espagnols. Les premiers invités finissent par arriver : Paulo Bento, l'ancien sélectionneur de l'équipe nationale, Fernando Gomes, le président de la Fédération portugaise de football, accompagné d'Humberto Coelho, son vice-président et ancien joueur du Paris Saint-Germain entre 1975 et 1977. Puis les responsables du Sporting Clube du Portugal, avec à leur tête le président, Bruno de Carvalho, mais également Aurélio Pereira, le formateur de Ronaldo à l'académie des Vert et Blanc. Mais que serait une cérémonie dédiée à Cristiano, l'enfant prodigue du Portugal, sans Jorge Mendes, son agent, accompagné du président du Real Madrid, Florentino Pérez, et d'Emilio Butragueño, directeur des relations institutionnelles du club merengue. À son arrivée, l'agent portugais regarde les journalistes et prévient qu'il s'exprimera à la fin de la cérémonie. « Promis », jure

Mendes qui ne lâche pas d'une semelle le président du Real...

14 h 55 : le moment tant attendu, l'arrivée au pas de course de Cristiano Ronaldo qui se permet de snober les journalistes présents ! Pas un mot, pas un regard et une première très grosse erreur de communication pour l'attaquant madrilène qui aurait dû profiter de l'événement pour rassembler et gommer ces traits de caractère qui le rendent si désagréables par moments. 15 heures : la cérémonie commence, l'attente des journalistes à l'extérieur également. Après plus d'une heure passée avec le président de la République, après quelques discours et la remise de la Légion d'honneur, Cristiano Ronaldo et ses invités sortent de la salle. L'heure fatidique pour tout journaliste venu relater cette journée unique dans l'histoire de l'enfant de Madère devenu double Ballon d'or quelques jours plus tôt. Mais le Portugais fera du Ronaldo, hautain et condescendant. Quelques mots lâchés rapidement. « On ne me laisse pas parler ? » s'exclame-t-il d'entrée de manière assez ambiguë. Devant l'insistance de la presse, il finit par répondre à une question : « Je me sens aimé par le peuple portugais. » Rien de plus, si ce n'est une autre phrase très claire cette fois-ci : « On m'appelle, je dois partir. » Une minute et pas une seconde de plus ! Arrivé avec le jet privé du président du Real, Cristiano Ronaldo paraissait pressé de repartir à Madrid, où un match de la Coupe du roi l'attendait

le lendemain face à l'Espanyol Barcelone. Sans se faire remarquer, profitant de la sortie de son joueur vedette, Jorge Mendes passe rapidement, toujours en compagnie de Florentino Pérez et d'Emilio Butragueño, et file directement dans la voiture, sans un mot malgré la promesse faite en début d'après-midi aux médias. Interrogés, les journalistes espagnols envoyés sur place nous expliquent à quel point cela peut les énerver, mais ajoutent qu'ils commencent à être habitués à Ronaldo et à sa garde rapprochée. Tout est fini, clap de fin sur cette cérémonie qui aurait dû lui permettre de faire honneur à la nation et ne pas mépriser l'intérêt d'un peuple fou de son Cristiano. Pour l'anecdote, sur les 33 invités prévus, beaucoup d'absents, notamment la famille du Portugais. L'excuse avancée : Maria Dolores dos Santos Aveiro, sa mère, et son fils, Cristiano Ronaldo Júnior, étaient malades. Autres absences remarquées, celle de son ex-petite amie, Irina Shayk, et surtout pas le moindre représentant de Manchester United. Et pourtant une semaine plus tôt, à la remise de son deuxième Ballon d'or à Zurich, tout le monde était bien là : la maman, le fils, la fiancée. Comment expliquer que Ronaldo ait snobé à ce point cette cérémonie si prestigieuse ? Pour Eduardo Gonçalves, journaliste portugais, Ronaldo a été pris au piège. « Il n'a pas parlé à la presse parce que ces cérémonies officielles ont un protocole. En revanche, avec la sélection, comme il est le capitaine, il fait le boulot et parle aux journalistes après les matchs, même en cas de défaite. »

Quelques invités feront, eux, l'effort de s'arrêter devant les journalistes. Pour des discours de convenance sans grand intérêt. Cependant, pour Paulo Bento, « c'est un honneur d'entraîner Cristiano Ronaldo et une grande satisfaction de pouvoir compter sur un joueur avec un talent et un professionnalisme extraordinaires ». Ou encore « un motif de fierté pour tous les Portugais, et pour nous en particulier du Sporting, d'avoir ce fabuleux athlète qui honore tant la sélection », signé, cette fois-ci, Bruno de Carvalho, le président du club lisboète.

Méritait-il cette Légion d'honneur pour services rendus à la nation ? Gonçalves poursuit : « L'actualité de Ronaldo est reprise dans le monde entier. En somme, le Portugal est lié à Cristiano Ronaldo, et ça justifie qu'il ait reçu ce prix. Il nous sert de porte-drapeau et personne n'a ce poids-là chez nous. » De son côté, Aurélio Pereira pointe du doigt les insuffisances politiques de son pays. « Aujourd'hui, j'ai éprouvé ce que tous les Portugais ressentent, car la société portugaise est en manque de personnalités comme Ronaldo parce que nous avons de mauvais exemples qui viennent des hautes instances, alors qu'ils devraient être des modèles pour les plus jeunes. » Une certitude : au pays de la langue de Camões, on ne touche pas à Ronaldo ! 17 heures : les « stars » sont parties et le soleil également. Les journalistes attendent toujours l'ambassadeur numéro un du Portugal.

Une Coupe du monde 2014 à oublier

Une vraie faillite, difficile à imaginer. L'espoir était grand, dans le sillage d'un Euro réussi, mais à l'arrivée, une déception, une de plus pour l'équipe du Portugal lors du Mondial brésilien. Et pourtant, Ronaldo arrive au rassemblement, auréolé d'une deuxième Ligue des champions, la « décima », la dixième de l'histoire du Real Madrid. Mais, en coulisse, les premiers doutes apparaissent. Déjà amoindri par une blessure à la cuisse gauche durant la fin de la saison, Cristiano Ronaldo débarque au Brésil avec un genou récalcitrant. Les matchs de préparation ne rassurent personne et l'affaire prend encore plus d'ampleur quand naissent les premières rumeurs de forfait. Non, le capitaine n'abandonnera pas ses joueurs et sera bel et bien là au coup d'envoi du premier match de la sélection face à l'Allemagne. Un Ronaldo décevant, sans impact, et une équipe qui s'incline lourdement (4-0) devant la Mannschaft. La suite ne sera pas beaucoup plus brillante... Un nul (2-2) face aux États-Unis dans les dernières secondes, puis une victoire inutile devant le Ghana (2-1) avec en fin de match le premier (et seul) but de Ronaldo dans le tournoi. Le cas CR7 a-t-il été mal géré ? En 2002, lors du Mondial asiatique, le même type de situation s'était présenté avec Figo, blessé au pied droit lors d'un match de Ligue des champions, trois mois avant la compétition. Le Ballon d'or aurait dû être opéré du tendon d'Achille, mais il avait refusé de peur de déclarer forfait pour la Coupe du monde. À l'arrivée, son rendement s'en est ressenti. L'ancien Barcelonais a fait ce qu'il a pu, jouant avec des protections au pied, ce qui lui a valu de chausser une taille au-dessus au niveau de ses crampons habituels. Mais comment reprocher à un joueur de vouloir absolument porter les couleurs de son pays dans une compétition aussi prestigieuse ? Selon nos informations, le Madrilène n'est pas parti au Brésil dans les meilleures conditions, mais il était « cliniquement » apte pour les médecins du Real. Il avait des douleurs et n'était pas à 100 %, une évidence. Pour des proches de l'équipe nationale, les raisons de l'échec lusitanien sont multiples et ne reposent pas uniquement sur les épaules du triple Ballon d'or. Certains se sont demandé pour quelles raisons autant de joueurs étaient arrivés au Brésil avec une condition physique aussi mauvaise. Beaucoup d'entre eux auraient même cherché à masquer leurs faiblesses vis-à-vis de Bento et des médecins. Le sélectionneur s'en est aperçu à Óbidos puis lors du stage aux États-Unis, mais il était trop tard. João Moutinho et Raúl Meireles, par exemple, n'étaient pas en pleine forme et manquaient de rythme. Les blessures de certains et le manque de compétition des cadres expliquent la faillite d'une sélection pourtant très ambitieuse. Que restera-t-il ? Une impression d'immense gâchis et l'image d'un Ronaldo traversant la compétition tel un fantôme alors que tout un pays l'imaginait en sauveur de la nation.

La rupture

Le Portugal est éliminé dès la phase de poule et les premières polémiques surgissent. En coulisse, la relation entre Paulo Bento, le sélectionneur lusitanien, et son attaquant vedette se serait détériorée. Trois mois plus tard, certaines vérités finissent par éclater, décrivant une ambiance assez délétère. « Avec le temps, Cristiano saura mieux gérer les nombreuses fois où il sera incapable d'atteindre ses objectifs », déclare à Eurosport.fr, début octobre, un Bento excédé par les prises de position très critiques du Madrilène vis-à-vis de son staff au Brésil. Excédé et agacé du manque de soutien de son capitaine… Après une défaite cauchemardesque face à l'Albanie (0-1), le 11 septembre 2014, Paulo Bento démissionne de son poste de sélectionneur, la conséquence d'un Mondial manqué et de débuts d'éliminatoires pour l'Euro 2016 très médiocres. Le Madrilène a-t-il œuvré pour pousser Bento au départ ? C'est l'éternelle question de l'influence de Ronaldo sur sa sélection… José Carlos Freitas, journaliste portugais au quotidien sportif *Jornal Record*, suit l'équipe du Portugal depuis trente ans et a sa petite idée sur la question : « Je pense que les gens extrapolent énormément sur l'importance que peut avoir un joueur au sein d'une sélection et d'une fédération. J'ai déjà vu de grands joueurs passer par l'équipe nationale comme Luís Figo ou Vítor Baía, entre autres, et ils n'avaient pas leur mot à dire sur de tels sujets. » Puis il précise l'objet de sa pensée : « Le match face à l'Albanie a été la goutte de trop. Le départ de Bento n'est pas lié à l'influence de Ronaldo, mais à une accumulation de petites choses tout au long de son mandat. Lors d'une réunion avec le président de la Fédération, c'est Bento lui-même qui a reconnu que les choses ne se passaient plus aussi bien qu'au début. L'Albanie n'a été qu'un prétexte. Il faut dire que les relations de Paulo Bento avec d'autres dirigeants de la Fédération n'étaient pas bonnes, et le président en a profité pour changer de sélectionneur. » En revanche, une chose est sûre : si Ronaldo avait défendu Bento, il serait certainement resté en place. À l'arrivée, que Bento retiendra du triple Ballon d'or ? « Il est le meilleur joueur que j'ai entraîné, sans l'ombre d'un doute » ; « un joueur aux qualités terribles, un excellent professionnel ». Avant de conclure avec un brin de rancœur : « Malgré tout, si je devais choisir, même en étant injuste, un joueur qui, en termes de professionnalisme, est le plus complet, je choisirais João Moutinho (milieu de terrain de Monaco). Ronaldo, je ne lui ai pas reparlé et je n'attendais rien de lui. » La rupture est donc consommée et rappelle la manière dont s'était terminée la relation Ronaldo-Queiroz quatre ans plus tôt.

Fernando Santos, le choix du « capitão »?

Quelques jours après la démission de Paulo Bento, la Fédération nomme un nouveau sélectionneur fin septembre, un homme que Cristiano Ronaldo connaît plutôt bien : Fernando Santos, son ancien entraîneur qui l'avait lancé avec le Sporting face à Manchester United à l'été 2003, le match qui a transformé la carrière du Portugais. Fernando Santos, le favori de Ronaldo pour reprendre la sélection? En attendant, que va faire le technicien lusitanien? Pour son premier voyage en tant que sélectionneur, il se rendra à Madrid pour échanger avec son attaquant. Un Santos fan de son Cristiano auquel il maintient sa confiance en tant que capitaine... Le tout agrémenté d'une petite déclaration en forme d'hommage : « Il y a des joueurs qui, même à 80 % de leurs capacités, continuent d'être les meilleurs. » Les débuts idylliques d'un couple qui va rapidement connaître sa première désillusion.

Un livre qui ne passe pas inaperçu

Le 11 octobre 2014, la France s'apprête à accueillir à Saint-Denis une sélection portugaise en petite forme, emmenée par son nouveau sélectionneur et un technicien cherchant à imprimer son style. Petit retour en arrière. Cinq jours plus tôt, le rassemblement de la Selecção est marqué par le retour des deux « bannis » de l'ère Bento : Ricardo Carvalho, le défenseur central de Monaco, et Tiago, l'ancien milieu de l'Olympique Lyonnais. Autre changement, et de taille : pour une fois, Cristiano Ronaldo n'a pas été exempté d'entraînement le premier jour. La fin des petits privilèges. Tous les jours, la Fédération portugaise va organiser des conférences de presse avec deux joueurs invités à s'exprimer. Ronaldo est aux abonnés absents... Les deux « bannis », eux, répondront aux questions des journalistes. On y reviendra plus tard.

Le jour J arrive, près de 80 000 spectateurs dans les tribunes du Stade de France, et une bonne moitié portant les couleurs du Portugal. L'attente est énorme pour la communauté portugaise qui espère un autre résultat que le fameux 4-0 encaissé en 2001. Mais difficile d'imaginer faire un résultat avec un Ronaldo sans jambes. 2-0 pour les Bleus puis 2 buts à 1 après la réduction du score de... Ricardo Quaresma sur penalty, et sous les yeux d'un Ronaldo qui venait tout juste de sortir. Le premier grand rival de CR7 qui revient en sélection et marque... Du registre du symbole plus qu'autre chose car personne ne peut aujourd'hui au Portugal faire de l'ombre à Cristiano Ronaldo. Le retour de Quaresma correspond plus à un message de Fernando Santos pour expliquer que n'importe quel joueur peut être appelé ou rappelé quels que soient ses antécédents.

Fin du match, victoire française, et en zone mixte sont attendues les premières explications de Cristiano Ronaldo sur cette défaite. Mais personne n'aura d'explications. Comme souvent, et même s'il est capitaine, le Portugais ne se présentera pas devant les journalistes. À l'image de ses confrères, José Carlos Freitas est parfois un peu las des caprices de Sa Majesté Cristiano Senior. « J'ai assisté à plus de 250 matchs de la Selecção et Cristiano Ronaldo est le premier capitaine dont je n'ai pas le numéro de téléphone... Un capitaine qui fait le boulot mais sans plus et quelqu'un qui n'est pas forcément à l'aise avec les journalistes. Aujourd'hui, les joueurs sont souvent gérés par des agences de communication, et je ne suis pas contre, sauf en sélection. Les joueurs doivent être différents en équipe nationale. »

Finalement, rendez-vous est pris le lendemain à l'hôtel de la sélection d'Enghien-les-Bains. À 14 heures, il y a foule pour écouter « o capitão ». Le regard plutôt froid, CR7 fait face aux journalistes. Le manège des questions-réponses commence, et les choses finissent par déraper assez rapidement. La première salve d'échanges concerne les cas Carvalho-Tiago. Que s'est-il réellement passé ? Éléments de réponse. Durant la semaine de travail, les deux joueurs sont passés en conférence de presse et ont présenté leurs excuses pour les propos et le comportement qu'ils avaient eu envers la sélection et le peuple portugais. Des excuses appréciées et saluées à une exception près : le quotidien polémiste *Correio da Manhã*. Selon le journal lusitanien, les deux « bannis » seraient revenus en équipe nationale à la seule condition de présenter des excuses publiques... Une condition imposée par Cristiano Ronaldo ! Le Madrilène se débarrassera assez vite de la première polémique du jour : « Celui qui prend les décisions à la Fédération portugaise, c'est le président de la Fédération, c'est comme cela depuis onze ans que je suis en sélection. Jamais un joueur ou un groupe de joueurs n'influencerait une décision que ce soit du président ou de ses collaborateurs. Ce sont des situations qui me laissent triste, avec une pointe de déception, mais le journal qui a affirmé cela, et je n'aime pas prononcer son nom car je n'ai aucun respect pour ce média qui invente toujours des histoires, des polémiques et soi-disant une mauvaise ambiance au sein du vestiaire, et cela depuis que je suis arrivé en sélection. Ce journal attaque tout le temps l'équipe nationale. » Après avoir cherché à recouper l'information, la vérité est très simple : Fernando Santos a été le seul à décider du retour des deux « bannis ». En salle de presse, l'ambiance commence à être tendue, elle se détériorera quelques instants plus tard quand la journaliste de la CMTV, la branche télévisuelle du *Correio da Manhã*, se présente et essaie de poser une question. Cristiano Ronaldo,

Funchal, Madère
Cristiano Ronaldo a déjà l'allure d'un pro lorsqu'il évolue sous les couleurs du Clube Desportivo Nacional sur son île de Madère. Et déjà il aimante les objectifs des photographes.

Lisbonne, 2002
Ici, encerclé par deux joueurs du Club Sport Marítimo de Madère, Ronaldo effectue ses premiers pas de footballeur professionnel sous le maillot du sporting clube de Portugal. Son dribble commence à faire des ravages.

© AFP

© Iconsport

© Iconsport

Lisbonne, 2002
Son aisance technique est manifeste au moment des entraînements.

Premier League, Portsmouth, 2003
Suivi par Jermaine Pennant de Leeds United, Ronaldo réalise des débuts brillants sous les couleurs des Red Devils de Manchester United.

© Panoramic

Toulon, 2003
Juin 2003 au Tournoi international des moins de 21 ans, à Toulon. Le Portugal remporte la finale contre l'Italie, 3 à 1. Ronaldo est la vedette du groupe et laisse éclater sa joie au milieu de ses coéquipiers.

© AFP

Manchester, 2008
Entre sir Alex Ferguson et Cristiano Ronaldo s'est installée une relation quasi filiale au fil des années passées par CR7 dans le nord de l'Angleterre (2003-2009).

© Iconsport

Paris, 2008
À Paris, en 2008, après le gain de la Ligue des champions avec MU, Cristiano épaulé par sa mère, Dolores, reçoit la récompense individuelle suprême : le Ballon d'or.

© Iconsport

Madrid, 2013
Un autre signe de reconnaissance pour CR7 qui, depuis 2013, peut poser au côté de sa propre statue de cire à Madrid.

© Iconsport

Barcelone, 2013
Le drame de Cristiano Ronaldo se nomme Lionel Messi, l'attaquant argentin du FC Barcelone. Entre les deux stars de la Liga espagnole, il est question de rivalité permanente et même de suprématie mondiale.

Juillet 2006
Mais que souffle Ronaldo à l'oreille de Jorge Mendes ? Le manager de Cristiano Ronaldo est un personnage très influent de sa garde rapprochée.

Enghien-les-Bains, 2014
L'intéressé reçoit la première édition de ce livre de la part du coauteur Marco Martins.

© Mário Cruz

Madrid, 2011
Tout un symbole, Eusébio, la légende du football portugais des années 1960, disparu le 5 janvier 2014, passe le témoin à Cristiano Ronaldo devenu entre-temps meilleur buteur de l'histoire de la sélection portugaise.

© Iconsport

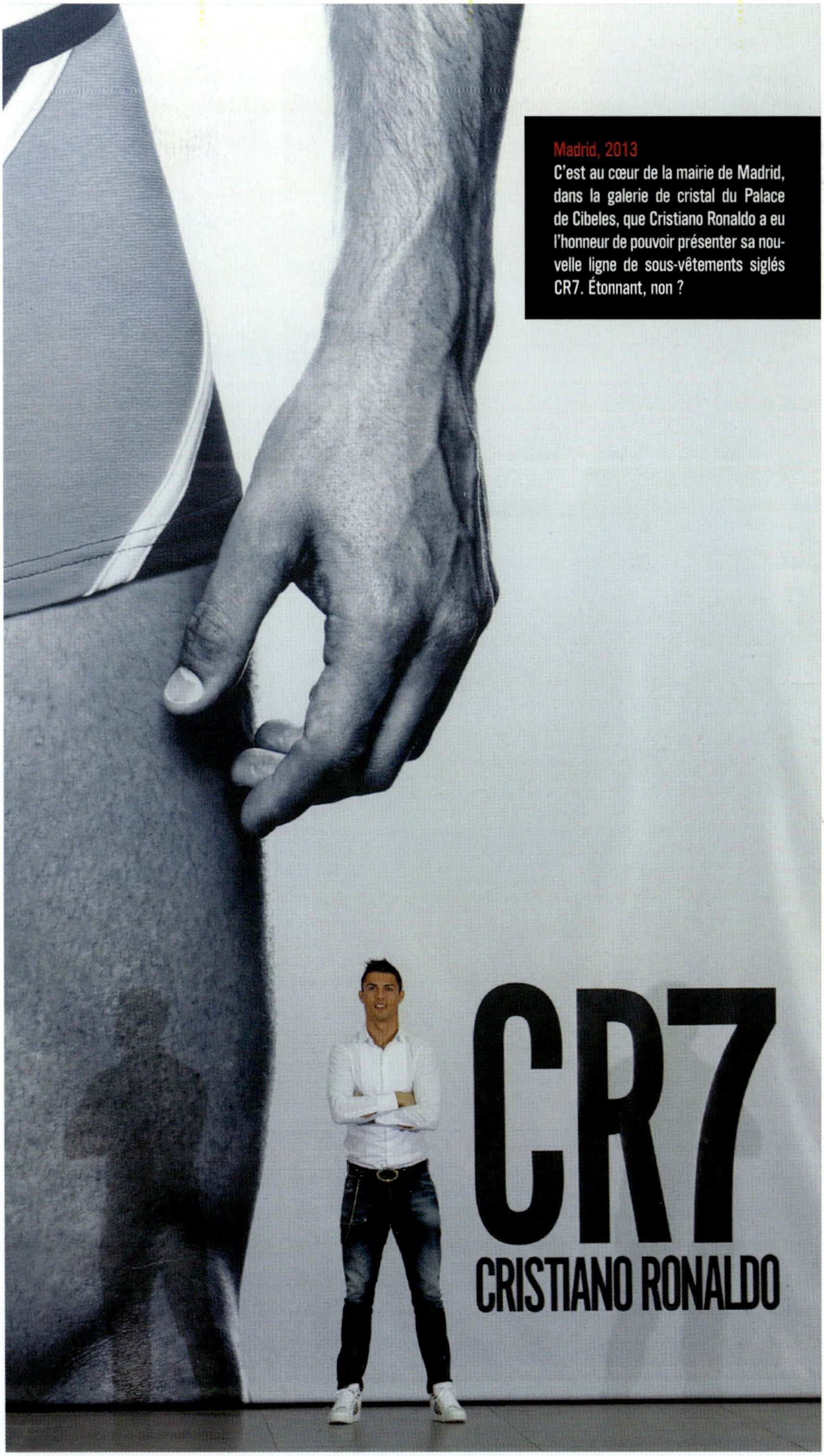

Madrid, 2013
C'est au cœur de la mairie de Madrid, dans la galerie de cristal du Palace de Cibeles, que Cristiano Ronaldo a eu l'honneur de pouvoir présenter sa nouvelle ligne de sous-vêtements siglés CR7. Étonnant, non ?

Zurich, 2014

Et de deux pour Cristiano Ronaldo qui décroche en janvier 2014, à Zurich, un deuxième Ballon d'or. Il devance son rival de toujours, Messi, ainsi que Franck Ribéry au classement d'une édition qui aura fait couler beaucoup d'encre.

intrigué par le sigle CMTV, demande au responsable de la communication de la Fédération le nom du média... Le Ballon d'or comprend rapidement à qui il a affaire : « Oubliez car je ne vais pas répondre. Ce n'est pas la peine d'essayer. » Trente minutes d'interview au total et un épilogue dont le coauteur de ce livre, Marco Martins, se souviendra très longtemps. « J'avance et je donne à Cristiano Ronaldo un exemplaire d'*Orgueil, gloire et préjugés* en français. Le dialogue est court, à peine quelques secondes. Je lui dis que j'ai coécrit avec Antoine Grynbaum ce livre sur lui. Sa réaction ? Des plus cordiales. Avec un large sourire... Et Ronaldo de me répondre : « Je suis content qu'un livre sur moi soit sorti en France. Merci beaucoup ! » Plaisir partagé.

CHAPITRE 4

Lionel Messi, le rival infernal

L'ombre de l'Argentin

En privé, Ronaldo ne prononce jamais son nom. Dans le vestiaire du Real, le Portugais ne supporte pas que l'on parle de Lionel Messi. Lors des clásicos, des matchs entre Madrid et Barcelone, pas un regard entre les deux hommes et des poignées de main très froides et hypocrites. Un duel, une confrontation, une rivalité, de la jalousie et une véritable opposition entre les deux meilleurs joueurs du monde. La question se posera systématiquement : Messi ou Ronaldo ? Les avis divergent, question d'opinion, de personnalité également. Un joueur lisse et fade d'un côté, un autre plus exubérant et prétentieux par moments de l'autre. À quoi ressemble la relation Ronaldo-Messi ? Les deux joueurs ne se parlent quasiment jamais, s'évitent la plupart du temps en public. Mais, en privé, Ronaldo se laisse aller. Le Portugais et son entourage ont un vrai problème avec l'Argentin. Dans un article d'*El País* en 2011, le journaliste espagnol Diego Torres en faisait une description explicite : « Quand ils le voient à la télévision, ils ont une poussée d'urticaire. » Pour le clan Ronaldo, Leo « est un nain et certainement pas le meilleur joueur du monde ». Un coéquipier du Real ayant assisté à la scène aurait même été choqué par les propos de Ronaldo, par ailleurs soutenu par les Portugais de Madrid et fatigué de vivre dans l'ombre de l'Argentin. Régis Dupont, journaliste à *L'Équipe*, ayant interviewé plusieurs fois le triple Ballon d'or, est très clair : « C'est comme Lendl et McEnroe. Ce sont les deux meilleurs joueurs du monde, on vit dans une situation inédite, on a deux joueurs qui se battent depuis cinq ans pour le Ballon d'or, qui sont au-dessus de la mêlée, qui jouent tous les matchs, qui sont toujours au top niveau, qui marquent deux à trois buts toutes les semaines. Une situation qu'on n'a jamais connue dans le football mondial. Fatalement, ils ne peuvent pas s'apprécier. Pour gagner, il faut haïr son adversaire. Au fond, je pense qu'ils se respectent, mais ne s'aiment pas. Si l'on se place du côté de Ronaldo, Messi a toujours cette bonne image de celui qui joue au Barça, l'équipe au jeu léché, le club bien élevé qui donne des leçons à tout le monde. Finalement, on entre dans la caricature, Ronaldo est le méchant et Messi le gentil, alors que les deux sont sur le même ressort. Ils veulent une équipe qui joue pour eux, ils veulent marquer plus que la Terre entière et ils veulent gagner des titres*. »

Quelle trace Ronaldo aurait-il laissée dans l'histoire du football s'il n'avait été confronté à l'omniprésence du quadruple Ballon d'or *France Football* ? Car l'obsession de la rivalité avec Messi est avant tout liée à un trophée : celui qui récompense le meilleur joueur du monde et chasse gardée du Catalan entre 2009 et 2012. Comparer l'Argentin et le Portugais ? L'exercice est difficile. Quel est le meilleur joueur du monde ? Hugo Almeida, attaquant du Kuban Krasnodar en Russie et coéquipier de Ronaldo en sélection, a sa petite idée : « Ils sont très différents. Le Real Madrid a plus besoin de Cristiano que Barcelone de Messi. Cristiano a littéralement porté le Real ces dernières années. Concernant Messi, c'est sans aucun doute un grand joueur. Il est magique également, il a un excellent contrôle de balle et marque beaucoup de buts. C'est aussi un joueur qui se rapproche de la perfection. Mais je pense qu'il a une grande équipe derrière lui*. » Pour Jacques Crevoisier, ancien entraîneur adjoint de Liverpool et consultant sur Canal+, la comparaison doit se baser sur l'influence des deux joueurs sur leur équipe. « Moi, je suis plutôt Ronaldo que Messi. Je pense qu'il fait des choses que Messi ne peut pas faire, même si l'inverse est vrai également. Mais sa générosité dans les courses et l'étendue de son talent sont pour moi supérieures à celles de Messi. L'Argentin est exceptionnel dans son registre, mais il n'a ni la vitesse, ni le jeu de tête, ni la puissance de Ronaldo. Messi est aussi capable de faire gagner un match à son équipe, mais je pense qu'il a davantage un collectif qui tourne autour de lui*. » Avant de poursuivre sur des caractéristiques plus techniques : « Ronaldo peut partir du milieu de terrain avec le ballon et passer en puissance alors que Messi passera en subtilité technique, mais pas en puissance, parce que Ronaldo va deux fois plus vite que l'Argentin. Du point de vue de la vitesse de course avec le ballon et de la puissance, Ronaldo est au-dessus. Il l'est également dans le gabarit, dans la dimension athlétique. Il a donc une gamme beaucoup plus étendue que Messi qui dispose d'un pied gauche extraordinaire, se montre capable d'éliminer ses adversaires dans les petits espaces, mais paraît beaucoup moins à l'aise que Ronaldo dans des matchs à grosse dimension physique. Ronaldo est capable de s'imposer dans tous les contextes quel que soit l'adversaire désigné pour le surveiller. » Gérard Houllier a du mal à choisir : « J'aime les deux (*rires*)... Ce sont deux joueurs avec des caractéristiques différentes, mais ils ont quelque chose que peu de joueurs ont : éliminer, enchaîner vers l'avant. Une petite différence : Ronaldo n'est jamais blessé. Il est très costaud physiquement*. » Pour certains joueurs du championnat de France et notamment Lucas Moura, le dribbleur du PSG qui a déjà affronté les deux joueurs, la solution est toute trouvée : « Moi, j'adorerais avoir Messi et Ronaldo dans mon équipe. Ce sont deux grands joueurs qui sont fondamentaux pour leurs clubs respectifs. Cristiano Ronaldo est très fort, très rapide et il marque beaucoup de buts. Lionel Messi crée des opportunités de jeu, il est plus habile balle au pied et c'est un style bien différent*. » Salomon Kalou, l'attaquant du Hertha Berlin, champion d'Europe avec Chelsea en 2012 après avoir éliminé le Barça de Messi en demi-finale, confirme. « Ronaldo, c'est un joueur complet qui marque du gauche, de la tête, qui saute haut, rapide, et c'est un joueur capable de faire mal à tout le monde*. »

Du côté de l'Argentin, le palmarès, les titres remportés lui permettent de prendre de la hauteur. Messi ne fait pas vraiment une obsession du cas Ronaldo, c'est une évidence. Pour Iván Balliu, latéral droit de vingt-trois ans arrivé très jeune centre de formation du Barça et ayant côtoyé Messi à l'entraînement, « Le quadruple Ballon d'or ne s'occupe jamais de ce qui sort ou se dit dans la presse. Il est toujours très loin de tout ça. C'est un joueur très réservé, même dans le vestiaire. Il parle très peu », avoue cet Espagnol évoluant désormais en première division portugaise. En revanche, son frère Matías s'est permis de provoquer l'attaquant du Real sur son compte Twitter avec des mots assez crus. À un mois de la clôture des votes concernant le Ballon d'or 2013 et conscient que son frère ne serait pas sacré, Matías Messi va poster deux photos. La première : une comparaison entre les titres remportés par Messi et Ronaldo entre 2009 et 2013. Une photo qui n'a évidemment pas plu aux fans du Portugais qui se sont empressés d'insulter le frère de Leo. La réponse de Matías Messi quelques minutes plus tard et une deuxième photo encore plus claire, pleine de sous-entendus, montre la star du FC

Barcelone posant derrière une impressionnante collection de trophées personnels, les quatre Ballons d'or étant bien mis en évidence...

Entre les deux hommes, est-on vraiment en présence d'une haine qui ne porterait pas son nom, mais se manifesterait souvent de manière indirecte et hypocrite. Y aurait-il déjà eu de vrais clashs en public ou en privé entre les deux protagonistes ? La réponse est non et les deux hommes sont plutôt du style à calmer les débats lors des Real-Barça. Entre eux, l'animosité est plus feutrée. Passé par le Barça et évoluant aujourd'hui au Paris Saint-Germain, Thiago Motta a livré son ressenti au sujet de ces clásicos auxquels il a lui-même participé. De la bonne vieille « langue de bois ». « Il y a une concurrence, une compétition entre les deux clubs, mais quand le match se termine, on passe à autre chose. J'ai déjà joué face au Real Madrid, j'ai déjà eu des amis au Real et il n'y a jamais eu de soucis. Il faut savoir aussi que la plupart des joueurs de la sélection espagnole sont issus du Real Madrid ou du Barça, et il n'y a aucun problème entre eux. La haine n'existe pas entre les joueurs de ces deux clubs*. » La réalité est un peu différente. La rivalité Real-Barça exacerbe les tensions et aucun joueur barcelonais ne dira qu'il apprécie Cristiano Ronaldo sous peine de s'attirer les foudres de la presse catalane. En attendant, lors des votes pour le Ballon d'or 2010, Ronaldo, capitaine du Portugal, avait oublié Messi dans son trio auquel il avait préféré Xavi (Barcelone), Casillas (Real) et

Sneijder (Inter Milan). Pas la moindre trace de l'Argentin. Quelle sera l'attitude du Barcelonais un an plus tard, lors du Ballon d'or 2011 ? Dans le trio du capitaine de l'Argentine, on retrouvera deux joueurs du Barça et pas le moindre Madrilène : Xavi (Barcelone), Iniesta (Barcelone) et Agüero (Manchester City). Ronaldo est introuvable à son tour...

La « guéguerre » est digne d'une cour de récréation : grotesque. Pour comparer les deux hommes et se faire un avis plus précis et objectif sur leur rivalité, l'étude des clásicos constitue un indicateur intéressant. Et sous cet angle, les statistiques donnent raison au Barça. Une équipe dédiée à Leo et l'une des plus grandes générations de l'histoire du football emmenée par Xavi, Iniesta et Puyol. Entre novembre 2010 et la *manita* (la victoire du Barça 5-0 au Camp Nou face au Real) et janvier 2012, les chiffres sont éloquents. En dix clásicos, le bilan est de cinq victoires catalanes, quatre nuls et une défaite. Ronaldo paraît alors trop esseulé dans une équipe limitée collectivement et pas forcément à la hauteur du FC Barcelone. Dès lors, comment lutter ? Ronaldo s'est souvent posé la question. Ses seuls moments de bonheur furent la finale de la Coupe du roi 2010 et le succès 1-0 du Real face à son ennemi héréditaire (durant laquelle il marque le but de la victoire) et le titre de champion d'Espagne 2011-2012. Mais difficile de ne pas se poser la question : combien de Ballons d'or Ronaldo aurait-il soulevés s'il avait porté le maillot du Barça ?

Quoi qu'il en soit, les relations entre les deux hommes oscillent au minimum entre jalousie et défiance. La preuve, en 2011, le Portugais ne s'était pas rendu à la cérémonie de remise du troisième Ballon d'or de l'Argentin. Un an plus tard, lors de la remise du Ballon d'or 2012, à l'annonce du nom de Leo Messi, l'ancien joueur du Sporting avait été filmé en train de grimacer, étonné de s'incliner une fois de plus. Pour Nuno Farinha, Ronaldo devrait modifier son approche concernant sa relation avec Messi : « Cette rivalité n'est pas fictive, elle existe. Ce qu'il faut, c'est savoir vivre avec elle. Lionel Messi gère mieux cette rivalité que Cristiano et cela pour une question de personnalité tout simplement. Cristiano a dit, par exemple, qu'il méritait de gagner le Ballon d'or tous les ans. Je me rappelle qu'en 2008, quand il a gagné son premier Ballon d'or [Messi n'en avait aucun à cette époque], il avait dit quelque chose d'un peu particulier en conférence de presse : "Mon trio : moi en premier, moi en deuxième place et moi en troisième position." Messi gère mieux cette rivalité, car il ne montre pas en public que la situation l'affecte. Cristiano Ronaldo ressent beaucoup plus les défaites personnelles. On le voit lors des différentes remises de Ballon d'or ou d'autres prix, quand Messi ou Iniesta sont récompensés. Le visage de Cristiano Ronaldo transmet l'idée de quelqu'un qui est profondément triste et blessé. Ce n'est pas quelque chose de mauvais, les personnes sont comme elles sont, c'est la personnalité de Cristiano, et il ne le cache pas, il montre qu'il n'est pas content. Il faut relier tout cela à sa grande soif de succès. Ce n'est pas de la méchanceté, mais il est comme ça, et surtout, le lendemain de la remise d'un prix, il retourne à l'entraînement et se remet à travailler pour essayer d'être sacré l'année suivante. Et il en a déjà essuyé des défaites personnelles. Il a beaucoup plus perdu que gagné par rapport à Messi*. »

Alors, Ronaldo vivrait dans l'ombre de l'Argentin ? Pas forcément sur tous les plans. Dans une étude publiée il y a un an par Repucom, sur la base de plusieurs critères dont la notoriété, la sympathie, le sponsoring ou encore l'influence, Cristiano Ronaldo serait le footballeur le plus célèbre en 2013, mais aussi le plus « bankable » au monde, à 79,18 % contre 75,58 % pour Lionel Messi. En revanche, l'Argentin est celui que les consommateurs apprécient le plus. Question d'opinion, question de personnalité.

Blatter affiche sa préférence...

Qu'a cherché à faire Sepp Blatter fin octobre 2013 ? Devant des étudiants d'Oxford en Angleterre, le président de la Fifa a encensé Lionel Messi et s'est ouvertement moqué de Cristiano Ronaldo. Le Suisse a-t-il cherché à influencer les votants concernant le Ballon d'or 2013 en affichant sa préférence ? Faire en sorte que l'Argentin obtienne un cinquième Ballon d'or ? Très certainement. Dans quel intérêt ? Pouvoir proposer avec Messi un Ballon d'or plus lisse, moins susceptible de diviser lors de la Coupe du monde 2014. Quoi qu'il en soit, la manœuvre est maladroite. Ainsi, quand on lui a demandé s'il était plutôt Messi ou Ronaldo, le président de la Fifa a été très clair : « Messi est un gentil garçon, que chaque père ou mère aimerait avoir à la maison. C'est un joueur très rapide, il joue bien, danse avec le ballon et marque beaucoup de buts. C'est ce qui le rend populaire. » Avant de devenir beaucoup plus agressif, sarcastique et moqueur à l'attention de Ronaldo. « L'autre, cela n'a rien à voir. Il est comme un commandant sur le terrain (*Blatter se lève et mime un chef militaire*). C'est l'autre face du foot... L'un dépense en tout cas plus d'argent pour ses cheveux que l'autre. Mais ce n'est pas un problème. » Puis Blatter conclut : « Je les aime tous les deux... Mais je préfère Messi », le tout dans un grand éclat de rire.

La réaction du Real ? Immédiate, avec un courrier envoyé à la Fifa afin de dénoncer cette prise de position déplacée d'un président censé rester neutre. Et quand on touche à l'icône du pays, les politiques ne sont jamais loin. « J'ai ressenti un fort sentiment de révolte, que je pense partager avec tous les Portugais, en voyant cette scène lamentable », s'insurge quelques heures plus tard le ministre des Affaires parlementaires et porte-parole du Conseil des ministres portugais, Luís Marques Guedes. Hugo Almeida ajoute : « Chacun a sa manière d'être, sa façon de vivre. Je pense que M. Blatter a adopté une mauvaise posture. Cristiano prouve ce qu'il est sur le terrain. Beaucoup de personnes disent qu'il est arrogant, c'est un mensonge. » La version moins « langue de bois » avec Jacques Crevoisier : « On aurait dit quelqu'un cherchant à tout prix à faire rire son auditoire. N'est pas comique qui veut ! L'âge et la fonction de Blatter lui interdisent décemment ce genre de procédé. La gestuelle était inappropriée, "nullissime", et traduisait un certain manque de respect. Faire référence au statut supposé de commandant de Ronaldo n'était de surcroît pas spécialement porteur de sens. Tous les avis sont autorisés, à cette réserve près que le président de la Fifa est évidemment tenu à un strict devoir de neutralité. Blatter n'a fait rire que les imbéciles [et encore !] et s'est vraisemblablement mis à dos la grande majorité des observateurs qui auront peu goûté à cette mascarade indigne et ridicule. » Les excuses de Blatter viendront quelques heures plus tard sans convaincre grand monde. La meilleure des réponses de la part de Ronaldo aura lieu quelques jours plus tard : le Portugais mime le salut du « comandante » lors d'un but marqué avec le Real. Sepp Blatter l'aurait appelé pour s'excuser, mais le Madrilène répondra avec ironie : « Je n'ai pas de téléphone. Ma secrétaire ne m'a pas transmis l'information. Oui, j'irai au gala du Ballon d'or 2013. » À ce moment-là, Ronaldo n'est pas favori concernant le titre de meilleur joueur de l'année, mais deux matchs et une décision vont tout changer.

... puis modifie les règles de vote du Ballon d'or 2013

Le Portugal compte sur son joueur providentiel. Deux matchs et un défi difficile à relever pour la Selecção face à la Suède d'Ibrahimovic. Deux matchs de barrages à gagner pour se qualifier et disputer la Coupe du monde 2014. À l'aller et au retour, Ronaldo fera la différence : quatre buts en deux matchs et un triplé exceptionnel lors du barrage retour en Suède qui impressionnera Zlatan : « Ronaldo a reçu trois ballons de contre et il a marqué à trois reprises. C'est le plus fort dans ce domaine. » La relation Ronaldo-Ibra n'a donc strictement rien à voir avec celle qui oppose Ronaldo à Messi. Ainsi, quand on interroge le Portugais au sujet de Zlatan, la réponse est empreinte de respect. « Ibrahimovic ? C'est un grand joueur et il l'a démontré au cours des dernières années. Il marque énormément de buts, des buts importants. Il évolue à un niveau très élevé en ce moment. C'est bien quand je joue contre lui, c'est toujours un grand spectacle pour les fans. » Entre les deux stars, de l'estime et donc une qualification portugaise arrachée dans le sillage d'un joueur exceptionnel. Et pourtant, lors de ce match retour historique avec la sélection, le capitaine était blessé au niveau du genou... Une blessure qu'il traînera en finale de Ligue des champions 2014, au Mondial et une information inédite, révélée pour la première fois. Au-delà de cette victoire, une décision va totalement relancer l'attaquant de la Selecção dans la course au

Ballon d'or. Le récit de notre enquête approfondie, nourrie de nombreux témoignages et de révélations, est édifiant.

Selon nos informations, Ribéry n'aurait pas été loin de remporter son premier Ballon d'or. Officiellement bouclé le 15 novembre 2013, le scrutin des votes pour le titre de meilleur joueur de l'année a finalement été rouvert jusqu'au 29 novembre sur décision de la Fifa. Entre-temps, Cristiano Ronaldo a brillé, qualifiant le Portugal pour le Mondial. Tout démarre le 19 novembre. Le soir du barrage retour, la Fédération internationale décide de repousser de deux semaines la fin du scrutin pour le Ballon d'or 2013. Au cœur de la polémique : un mail envoyé vers 21 h 30 aux capitaines d'équipes nationales et sélectionneurs des 209 fédérations pour leur préciser qu'ils peuvent voter ou revoter jusqu'au 29 novembre. À l'origine, la date limite du scrutin, le 15 novembre favorisait Franck Ribéry auteur d'un triplé Ligue des champions, championnat et Coupe d'Allemagne en 2013. Une saison brillante du milieu français, mais avec ce changement de dates, le Portugais va totalement se relancer. Son triplé en Suède, les quatre buts du Portugal inscrits par Ronaldo vont influencer les votants. Pour bien comprendre les choses, il faut savoir qu'il y a trois panels chargés de voter pour l'élection du Ballon d'or :

– les journalistes (un par pays), gérés par *France Football*. Selon nos informations, le panel des journalistes serait resté bloqué au 15 novembre ;

– les sélectionneurs et capitaines des 209 fédérations, gérés par la Fifa et qui ont pu revoter.

Alors que se cache-t-il derrière ce changement de dates ? Pour quelles raisons Blatter et ses proches ont-ils modifié les règles en cours de route ? En fait, Ribéry semblait être en tête chez les journalistes à l'issue de la première salve de votes arrêtée au 15 novembre. Auprès des sélectionneurs et capitaines, le milieu du Bayern était également très bien placé. Mais le 19 novembre, à 21 h 30, la France ne menait qu'un à zéro face à l'Ukraine lors du match retour des barrages au Stade de France (défaite 2-0 des Bleus à l'aller à Kiev). À ce moment-là, les Bleus sont encore éliminés de la course au Mondial. Une Coupe du monde sans Ballon d'or ? Inimaginable ! Pour vendre son sport de la meilleure des manières pendant la Coupe du monde 2014, ne vaudrait-il pas mieux être assuré de pouvoir compter sur son meilleur joueur 2013, gigantesque star, icône internationale.

« Bankable »... Franck Ribéry ne l'est peut-être pas suffisament ? Pas assez glamour, trop sulfureux ? Vendre le Mondial avec Cristiano Ronaldo, ses produits dérivés et ce nom qui parle au monde entier, paraît sans doute beaucoup plus facile, plus vendeur... Le procédé qui consiste à changer les règles en plein milieu d'une élection ? Une décision qui interpelle. N'abîme-t-elle pas, une nouvelle fois, le prestige du Ballon d'Or ? Contacté, le service de presse de la Fifa répondra à notre demande d'explications le 13 décembre 2013 : « Dû à un nombre de réponses insuffisantes des entraîneurs et capitaines des équipes nationales et des journalistes appelés à voter également, et afin d'avoir un nombre de votes représentatif concernant le Ballon d'or, la Fifa et *France Football* ont décidé d'étendre leur vote jusqu'au 29 novembre 2013. » Du politiquement correct appuyé par Jérôme Valcke, le secrétaire général de la Fifa : « Nous avons toujours dit que l'on souhaitait avoir 75 % de votes. Le Ballon d'or doit représenter une opinion crédible. L'année dernière, on était au-dessus de 80 % de votants. Cette décision de prolonger le délai est due uniquement au fait que nous avions reçu un nombre limité de votes – moins de 50 % dans certaines catégories – et l'objectif est d'assurer que le vote soit représentatif. Il n'y a aucune manipulation. » Pour vérifier tout cela, nous avons contacté un journaliste historique de *France Football* qui n'a pas souhaité nous répondre et nous a dirigés vers son rédacteur en chef. Deux mails restés sans réponse. Selon nos informations, le magazine sportif n'aurait pas eu son mot à dire. Les questions, elles, sont toujours aussi nombreuses : dans quelle élection change-t-on la date limite de scrutin car il n'y a pas assez de votants ? Et dans quelle élection dans le monde peut-on revoter ? Et puis, peut-on tout simplement oublier de voter pour un trophée aussi prestigieux que le Ballon d'or ? La question est posée par Jacques Crevoisier. « À la Fifa, l'excuse officielle était la faible participation des votants à la date qui avait été choisie. Connaissant un certain nombre de journalistes, j'ai du mal à croire que, ravis d'avoir été désignés parmi leurs pairs, ils en oublient de voter pour le joueur de l'année. Je ne vois pas comment un journaliste va m'expliquer qu'il a voté avec un jour de retard ! » Toujours prompt à critiquer Sepp Blatter, Michel Platini, lui, ne laissera pas passer l'occasion et se confiera dans les colonnes du quotidien sportif espagnol *As* : « C'est une décision de la Fifa qui a coïncidé avec les éliminatoires du Portugal pour le Mondial 2014 et les trois buts de Cristiano Ronaldo contre la Suède. Il se peut que la Fifa ait fait ça par complaisance pour Cristiano... » (*Il rit malicieusement.*) Le changement de dates ou l'élément fondateur d'une campagne pro-Ronaldo ? Difficile à imaginer, quelques semaines plus tôt, quand Blatter se moquait ouvertement du Madrilène. Certes, le Portugais n'a pas gagné le moindre titre en 2013, mais il a été exceptionnel toute l'année et affiche des statistiques incroyables[1] avec 69 buts marqués (il efface son propre record de 62 buts en 2012)... 24 buts de plus que Messi blessé une partie de l'année... Des chiffres exceptionnels et un bilan encore amélioré par

1. Le classement des meilleurs buteurs toutes compétitions confondues en 2013 :
1 - Cristiano Ronaldo (Real Madrid) : 69 buts (en 59 matchs);
2 - Zlatan Ibrahimovic (PSG) : 47 buts;
3 - Lionel Messi (FC Barcelone) : 45 buts;
4 - Luis Suárez (Liverpool) : 42 buts;
5 - Edinson Cavani (Naples/PSG) : 41 buts.

un nouveau record battu fin 2013 : meilleur buteur de l'histoire de la phase de poule de Ligue des champions avec 9 buts devant Zlatan Ibrahimovic, Ruud van Nistelrooy, Filippo Inzaghi et Hernán Crespo (8 réalisations). 2014 est une année qui commence plutôt bien également avec un nouveau palier franchi par l'attaquant madrilène : 400 buts inscrits en professionnel après son doublé face au Celta Vigo en championnat d'Espagne début janvier... Des statistiques extraordinaires pour un ailier et pour un joueur qui n'est pas un véritable attaquant de pointe. Depuis que Blatter s'est moqué de lui publiquement, Ronaldo flambe sur le terrain, mais reste inflexible en dehors. Le président de la Fifa aura tout tenté pour renouer le contact : un tweet de félicitations après la qualification portugaise, diverses approches via le Real Madrid, la Fédération portugaise ou encore Jorge Mendes, l'agent confident, mais rien n'y fera. Ils se reverront le 13 janvier 2014 à Zurich, car cette fois, Ronaldo a décidé de se rendre au gala de remise du Ballon d'or le sourire en coin. Cinq ans après, son deuxième sacre se rapproche.

« Ronaldo aimerait avoir l'adoubement de Messi »

Jean-Marie Goussard est journaliste sportif, reporter pour Canal+. Il suit le championnat d'Espagne depuis plusieurs années. La rivalité Ronaldo/Messi, coulisses et enjeux, il connaît. Décryptage.

Quelles sont les relations entre Ronaldo et Messi ?

À ma connaissance, les deux joueurs n'entretiennent pas de relations personnelles. Ce serait du reste très surprenant et assez mal vu par les supporters des deux équipes qu'un Barcelonais et un Madrilène puissent être amis (même si Sergio Ramos a certaines affinités avec Gerard Piqué et qu'Iker Casillas a un contact privilégié avec Xavi pour les « besoins » de l'équipe d'Espagne). Dans le cas de Messi et Ronaldo, il est clairement question d'une vraie rivalité savamment entretenue par la presse espagnole depuis l'arrivée du Portugais à Madrid en 2009. Lionel Messi est un animal au sang froid qui ignore le plus souvent son adversaire quand Cristiano Ronaldo est un sensible, un impulsif, qui ne vit qu'à travers la reconnaissance de ses pairs et qui peine à masquer ses frustrations. On l'a d'ailleurs souvent vu s'énerver lorsqu'un clásico tournait mal et parfois même tacler Messi dans la presse de façon maladroite.

Ronaldo pense-t-il être meilleur que Messi ?

Ce qui est sûr, c'est qu'il a très mal vécu ses affrontements avec le Catalan lors de ses premières saisons en Espagne (2009-2010 et 2010-2011). À l'image du Real, Ronaldo a nourri un vrai complexe d'infériorité envers Messi, d'autant plus criant que l'Argentin était souvent décisif dans les clásicos alors que le Portugais était incapable d'avoir le même rayonnement. Comme si la présence même de Messi l'inhibait. Et puis les choses se sont doucement inversées au cours de la saison 2011-2012, celle du titre pour le Real, celle aussi où Ronaldo, repositionné à gauche par Mourinho, portait moins son équipe à bout de bras. Alors qu'on lui reprochait de ne jamais être décisif dans un clásico, il a fini par marquer six fois d'affilée au Camp Nou, dont un doublé en championnat au printemps 2012 qui a assis le titre du Real.

Ronaldo déteste-t-il Messi et réciproquement ?
Quelquefois, on sent bien que Ronaldo aimerait pouvoir bénéficier de l'adoubement de Messi (ne serait-ce que pour l'entendre dire qu'ils jouent dans la même cour) quand l'Argentin fait mine de s'en moquer, laissant parler les statistiques et son palmarès qui, il est vrai, lui sont favorables. Là encore, il est difficile de faire abstraction du contexte Barça-Real. Le Bernabéu est capable d'applaudir la supériorité du Barça alors qu'il est fondamentalement impossible au Camp Nou de reconnaître la supériorité du Real, même sur un match. Pour les deux joueurs, c'est identique.

Se parlent-ils lors des clásicos ?
Je n'ai pas le souvenir de les avoir vu parler, encore moins échanger un maillot, au cours d'un clásico. Chacun s'en tient à son rôle et ne cède aucun pouce à l'adversaire. Sous le feu des projecteurs et des caméras, toute tentative de rapprochement de l'un ou l'autre serait sans doute perçue comme une faiblesse. Alors qu'on les imagine bien, une fois leur carrière terminée, entretenir des relations tout à fait cordiales…

Y a-t-il eu de vrais clashs entre les deux ?
Non. Et c'est ce qui est d'autant plus beau : leur rivalité, qui a atteint des sommets sportifs, n'a jamais connu de prolongement en dehors du terrain. Hormis quelques petits tacles dans la presse, mais jamais bien méchants. Messi étant un joueur qui s'exprime peu, Ronaldo avait notamment une fois brocardé « l'humilité » de l'Argentin, trop belle pour être vraie, avant l'attribution du Ballon d'or 2012*.

Un Ballon d'or 2013 en question

La question revient chaque année : qui doit être sacré ? Le meilleur joueur de l'année (Ronaldo et ses 69 buts en 2013) ou le meilleur joueur (Ribéry) de la meilleure équipe de l'année (Bayern Munich)... et ce à partir du moment où Messi se retrouve hors jeu, victime d'une succession de blessures en 2013.

Où s'est creusée la différence entre Ribéry et Ronaldo ? Lors des barrages surmédiatisés de la Coupe du monde. Concernant le talent pur, comment comparer Ribéry et Ronaldo ? En termes de valeur intrinsèque et, statistiquement, le Portugais est un ton au-dessus : 34 buts contre 10 en faveur du Madrilène en championnat pour la saison 2012-2013. Pour Hugo Almeida, la comparaison ne tient pas. « Cristiano est un joueur qui se situe depuis des années au haut niveau et qui est réellement très bon tout au long d'une saison. Tout le monde a pu le constater. Maintenant, si vous prenez les titres, Ribéry a gagné tout ce qu'il y avait à gagner dans le football, mais je persiste en disant qu'il est impossible de les comparer. Ribéry est un grand joueur, il a réalisé une grosse saison avec le Bayern Munich, mais "Cris", ce n'est pas seulement une saison, ça fait de longues années qu'il est au plus haut niveau. C'est à cela que l'on reconnaît les meilleurs joueurs. » Mais qui récompense-t-on ? Un joueur ayant fait une grande saison dans un club qui a tout gagné ou le meilleur joueur du monde, le plus grand joueur de l'année techniquement parlant ? En réalité, il faudrait affiner les critères d'attribution du Ballon d'or : savoir exactement quelle est la part du palmarès et celle des performances individuelles.

Jusqu'en 2007 et le sacre de Kaká, vainqueur de la Ligue des champions avec l'AC Milan, il fallait évoluer dans l'équipe qui avait dominé les débats. Depuis 2010 et le rachat du Ballon d'or par la Fifa, le trophée est attribué au meilleur joueur du monde. Tout simplement.

Ronaldo vu de France

Que pensent les champions du monde 1998 du Portugais ? Leurs jugements oscillent entre admiration et respect comme l'indiquent leurs témoignages recueillis par lequipe.fr... À commencer par Thierry Henry : « À un moment donné, il faut arrêter de parler de son attitude et regarder ses statistiques. Ce qu'il fait, c'est juste fou. » Youri Djorkaeff vote également Ronaldo : « C'est quelqu'un, depuis Manchester, qui fait des choses incroyables à tous les matchs, aussi bien avec son équipe nationale qu'avec Madrid aujourd'hui. Vous l'enlevez du Real, ce n'est pas le Real ! J'en discutais avec Zidane, qui m'expliquait sa méthode d'entraînement. Il est le premier arrivé, le dernier parti. C'est un professionnel incroyable. Ce qu'il fait sur le terrain, et on l'a encore vu contre la Suède lors du match de barrage pour la Coupe du monde, c'est impressionnant. Franck Ribéry peut l'avoir, bien sûr, il a toutes les qualités, mais pour moi, le Ballon d'or, c'est aussi la récompense d'une régularité. » Et l'avis d'un Français d'origine portugaise ? Forcément partagé. « Messi est un peu à l'écart par rapport à sa fin d'année tronquée. Ça a été compliqué avec ses blessures. Pour moi, c'est un duel entre un joueur qui a tout gagné avec son club du Bayern Munich, et un autre qui a pulvérisé tous les records à titre individuel, juge Robert Pirès. Collectivement, je voterais Ribéry, individuellement, Ronaldo. Cette année, celui qui gagne le méritera forcément. Mais je suis français, alors... » *(sourire)* Lilian Thuram, lui, dénote : « Je n'ai pas de favori. Il faut savoir sur quels critères on se base. Si l'on veut donner le Ballon d'or au meilleur joueur sans regarder le résultat des clubs, effectivement, un joueur comme Messi est assez incroyable si l'on s'en tient au ratio matchs joués et buts marqués. Pour Ronaldo, ce n'est pas mal non plus. Ces "stats"-là sont beaucoup plus importantes que celles de Franck Ribéry. Vu qu'ils jouent tous dans des positions d'attaque, c'est très facile de les comparer. Ce qu'on demande, à leur poste, c'est de marquer des buts et faire des passes décisives. » Le dernier mot d'un ancien Ballon d'or (1998), leader de sa génération et aujourd'hui entraîneur de la réserve du... Real Madrid : Zinedine Zidane. « Pourvu que Cristiano Ronaldo remporte le Ballon d'or. Ce qu'il est en train de faire parle pour lui, c'est assez monstrueux. »

Les dernières heures et polémiques

Le verdict se rapproche et la lutte à distance Ribéry-Ronaldo se précise. Le Français est l'auteur d'une sortie remarquée dans le journal allemand *Sport Bild* le 19 décembre 2013. « C'est la première fois que ça arrive [le changement de dates]. C'est une honte et un désavantage, mais je n'ai pas peur, je suis tranquille. Je n'ai pas parlé avec Cristiano ni avec d'autres collègues. Pourquoi je l'aurais fait ? Peu m'importe s'il va ou non au gala de la Fifa. Pour moi, c'est un honneur d'être parmi les trois finalistes, et je trouve normal d'être présent à la cérémonie. » Ronaldo est, lui, plutôt détendu, à l'image de ses propos livrés à *A Bola*, le journal sportif portugais, début 2014 : « Je suis sur le podium depuis six ans, ce n'est pas un hasard, affirme l'ancien Mancunien. Les chiffres parlent d'eux-mêmes. Si je mérite de le gagner ? Peut-être, comme l'an dernier ou il y a deux ans. Je crois que je mérite de gagner le Ballon d'or chaque année. » Du Ronaldo dans le texte et pas le moindre mot vis-à-vis de Messi. Un homme est bien placé pour juger les trois finalistes, Pep Guardiola, ancien entraîneur de Messi au Barça pendant quatre ans, entraîneur de Ribéry au Bayern depuis juin 2013 et connaissant Ronaldo sur le bout des doigts après l'avoir affronté régulièrement lors des clásicos. « À ce niveau, je n'avais jamais vu un joueur comme Ribéry avec autant de caractère. C'est incroyable de voir à quel point il se bat pour l'équipe. Pour moi, c'est un honneur d'être son entraîneur, j'espère pouvoir l'aider à être encore plus fort. Franck doit s'envoler pour Zurich avec un grand sourire et profiter de l'instant. Ce n'est pas facile d'arriver là-bas, il doit savourer ce moment. Mon pronostic pour le Ballon d'or ? Les trois finalistes sont incroyables. Je suis content que ce ne soit pas moi qui décide. »

À une semaine du résultat, le stress monte chez les proches de Ribéry et Ronaldo, par agents interposés dans un premier temps. Jorge Mendes appelle pratiquement tous les jours un journaliste sportif français bien renseigné pour avoir les dernières tendances. Jean-Pierre Bernès, conseiller du Français, occupe le terrain sur L'Équipe 21, à quarante-huit heures du dénouement. « Franck est très attaché au Ballon d'or. Il l'attend. Ribéry a tout gagné collectivement et individuellement. Le Ballon d'or, j'y crois. Franck est serein. » Les informations circulent au compte-gouttes et les résultats s'annoncent très serrés, Ronaldo ayant un léger avantage sur le Français. Parole aux intéressés… Dans *L'Équipe*, deux jours avant le grand gala de Zurich, Franck Ribéry livre ses derniers mots : « J'essaie de faire en sorte de ne pas trop penser au Ballon d'or, même si c'est quelque chose d'important. Il en va du meilleur joueur au monde. C'est comme un "kiff". C'est excitant. Mais je ne me mets pas trop de pression inutile. En tout cas, je n'ai pas besoin de somnifères pour trouver le sommeil. Je suis confiant. » Ronaldo est, lui, sûr de son sacre et a déjà tout anticipé... à la Ronaldo. Dans *Marca*, un journaliste sportif espagnol révèle un détail troublant ; la veille des résultats, un message envoyé à sa famille résidant sur l'île de Madère : « Vous pouvez déjà tirer le feu d'artifice », en faisant allusion aux festivités qui sont visiblement déjà organisées pour célébrer l'enfant du pays ! Un peu prétentieux et très maladroit. Confiant, le Portugais a donc invité toute sa famille au gala organisé par la Fifa, une première.

En attendant le jour J, en France, un sondage donne une nouvelle fois le mal de tête à Ribéry. À J-1, *Le Parisien* publie des chiffres sans équivoque : deux tiers des Français interrogés (66 %) ont une mauvaise opinion de l'international français, Ribéry le mal-aimé : la grève de l'entraînement en Afrique du Sud, l'affaire Zahia... Les Français n'oublieront jamais, quelles que soient ses performances sur le terrain. Et qui mérite le plus le Ballon d'or 2013 ? Leo Messi ! Le Barcelonais est en tête (32 %) devant Ribéry et Ronaldo (26 % chacun). Dans l'ombre de l'Argentin.

Messi-Ronaldo : 4 Ballons d'or à 2

L'échéance n'est plus qu'une affaire de quelques heures. Nous sommes le jour J, en ce 13 janvier

2014 à Zurich. À midi, sur RTL, Ribéry y va de sa petite déclaration un peu maladroite : « Moi, je suis un joueur d'équipe et pour moi ce qui est important, c'est de gagner des titres collectifs, en équipe. Moi, je préfère gagner la Coupe du monde avec l'équipe de France que de remporter le Ballon d'or. » Les trois hommes sont arrivés à Zurich : Ronaldo, Ribéry et Messi. Réunis sur une estrade l'espace de quelques minutes dans l'après-midi, Ronaldo est assis à droite du quadruple Ballon d'or. L' attitude des deux hommes, en tenue de ville, l'un à côté de l'autre, est révélatrice du malaise entre les deux footballeurs : le Portugais semble très tendu alors que Messi cherche à abréger. Pas un regard entre le Madrilène et le Barcelonais. À Zurich, quelques Ballons d'or sont présents, notamment Zinedine Zidane. Le lauréat 1998 est partagé entre son compatriote Franck Ribéry et le joueur du Real, Ronaldo. Mais amené à se positionner une dernière fois sur l'issue du vote, le champion n'hésite pas un instant : « Mon favori ? Cristiano Ronaldo. » 17 heures, 18 heures... Le début de la cérémonie est marqué par l'annonce du onze de l'année puis les récompenses individuelles. 19 h 45 et un premier moment fort avec la remise d'un Ballon d'or d'honneur à Pelé. Passer après le Brésilien, la symbolique sera belle pour le vainqueur du Ballon d'or 2013. Succéder au « Roi », qui reste pour certains le plus grand joueur de l'histoire, quel honneur ! 20 heures précises et le moment tant attendu. Pelé décachette l'enveloppe avec un grand sourire et annonce le nom du nouveau vainqueur : Cristiano Ronaldo ! Dans son siège, le Portugais est écrasé par l'émotion puis embrasse sa fiancée Irina Shayk. En montant sur l'estrade, Ronaldo toise le président de la Fifa et se montre également très froid avec Michel Platini, qui avait ouvertement critiqué son absence lors de la remise du titre de joueur européen de l'année, remis à Ribéry quelques semaines plus tôt. Avec Pelé, en revanche, l'accolade sera très chaleureuse ; le triple champion du monde lui glissera quelques mots en portugais. L'image de cette cérémonie ? Ronaldo prenant son fils dans ses bras et l'amenant vers l'estrade. Toute la famille est réunie pour l'un des plus grands moments de l'histoire du Portugais et un discours empreint d'émotion. « Je me suis mis à pleurer. Je suis tellement fier, je le partage avec mes coéquipiers de Madrid et avec les copains de la sélection. Si on me l'a donné, c'est que je le méritais ! Beaucoup d'émotions pour ce deuxième trophée, mon fils était là ! » Dans son discours, le Portugais rendra aussi hommage à Nelson Mandela et à Eusébio, la légende du football portugais, Ballon d'or 1965, disparu quelques jours auparavant. Des propos fédérateurs, une communication simple et parfaite. Rassembler : le Portugais a compris qu'il fallait se servir de l'événement pour faire taire les mauvaises langues. Sur l'estrade, Ronaldo semble libéré après des années de frustration passées à applaudir Leo Messi. Sa mère est en pleurs et le Portugais ne quitte pas le trophée des yeux, son premier Ballon d'or avec le Real et le deuxième de sa collection, cinq ans après son sacre en 2008, à l'époque où il évoluait à Manchester United.

Quelques semaines plus tard, dans « Téléfoot », le Portugais reviendra sur ce moment si particulier : « Peut-être que beaucoup de gens ont été surpris de me voir pleurer ce soir-là, mais ceux qui me connaissent savent que le vrai Cristiano, c'est celui-là, quelqu'un d'honnête. C'est la réalité, ce n'est pas une image que je me donne. Le moment crucial de cette soirée, c'est quand mon fils, Cristiano, est venu à mes côtés. Avoir un enfant est quelque chose de très particulier, et ce soir-là, quand il m'a vu avec le Ballon d'or, c'était un moment incroyable pour moi. C'était l'une des plus belles soirées de ma vie, évidemment. J'étais vraiment ému, et je n'ai pas pu me contrôler, c'était naturel. » Cristiano Ronaldo Júnior porte donc le même nom que son papa...

Puis Ronaldo fait mine d'avoir une petite pensée pour ses deux adversaires : « Ribéry, comme Messi, méritait de gagner. Ils ont accompli énormément de choses, gagné beaucoup de trophées, ils ont marqué beaucoup de buts, mais c'était mon tour. » Les scores : 27, 99 % pour Cristiano Ronaldo, qui devance Lionel Messi, 24,72 %, et enfin Franck Ribéry troisième avec 23,36 % des suffrages. Ribéry derrière le Barcelonais, qui aurait pu l'imaginer ? C'est officiel :

le prestige et la performance pèsent désormais plus que le palmarès.

Au Portugal, le président de la République s'empresse de complimenter l'un des plus grands représentants du pays : « Au nom de tous les Portugais, je veux vous féliciter pour l'obtention du Ballon d'or, écrit Aníbal Cavaco Silva dans un message adressé au joueur de vingt-neuf ans et publié sur le site de la présidence. Vous êtes le premier Portugais à recevoir cette distinction à deux reprises. Ce trophée est la reconnaissance de votre exceptionnel niveau sportif, de la détermination et du dévouement qui ont marqué votre parcours en tant que footballeur. » De la récupération politique, très classique, appuyée quelques jours plus tard par Emídio Guerreiro, le secrétaire d'État aux Sports : « Beaucoup de choses se sont produites avant la cérémonie et quelques-unes assez désagréables : des campagnes publicitaires anti-Ronaldo, les propos du président de la Fifa, tout cela a contribué également à ce trop-plein d'émotions. Cristiano Ronaldo est un être humain, sensible, une machine sur le terrain. C'est un compétiteur, mais c'est aussi un homme qui a une famille et qui ressent des choses*. » Les compliments pleuvent et tombent d'un peu partout. Notamment du vestiaire du Real : « Félicitations l'ami, tu le mérites », s'enthousiasme Iker Casillas, dans un message accompagné d'une photo des deux joueurs, sans oublier un « *Congrats* » amical signé Gareth Bale. Et la déclaration de Messi dans tout ça ? « Je veux féliciter Cristiano parce qu'il a gagné, et il le mérite, déclare le Catalan au journal *As*. Je n'ai rien à dire. Je crois que cela a été une bonne année pour nous tous et c'est pour cela que nous étions là tous les trois. » Le lendemain, sur lequipe.fr, le premier entraîneur de Cristiano Ronaldo au Sporting, celui qui l'a lancé chez les professionnels en 2002, László Bölöni, apporte son éclairage : « Il a réussi une année remarquable avec son club. Même s'il n'a pas gagné de trophées, sa performance a été exceptionnelle. Et ce qu'il a fait avec son équipe nationale, c'est ce que j'attendais de sa part depuis très longtemps : il a totalement assumé l'énorme responsabilité qui pesait sur ses épaules. Pour ces deux raisons, j'aurais voté pour lui, même si je ne suis pas forcément très objectif dans mes appréciations pour ce joueur que j'admire. Au-delà de sa formidable puissance technique et athlétique, il a une telle réactivité et de telles qualités de coordination qu'il continue à faire la différence face à des adversaires qui décortiquent pourtant son jeu depuis des années. »

Ce Ballon d'or 2013 a donc sacré le meilleur joueur du monde sur le plan des statistiques et du talent. Mais à terme, il faudra peut-être revoir le mode d'attribution de ce trophée, sinon, on se dirige vers un duel Messi/Ronaldo pour de longues années. C'est en tout cas l'avis d'un ancien footballeur qui a remporté lui-même le trophée en 1983, 1984 et 1985 et aujourd'hui président de l'UEFA : Michel Platini.

Interrogé par L'Equipe 21, l'ancien numéro 10 de la Juventus indique quels critères d'attribution déterminés par la Fifa posent problème. « Je suis très déçu pour Franck Ribéry, même si Ronaldo est un très beau Ballon d'or. L'an prochain, on va revenir et ce sera Ronaldo-Messi, puis dans deux ans Messi-Ronaldo, et dans trois ans Ronaldo-Messi ? Pendant cinquante ans, le Ballon d'or a tenu compte du palmarès sur le terrain. Là, c'est basé sur la performance globale des joueurs. Si un Espagnol ne gagne pas en 2010 et que Ribéry ne gagne pas cette année alors qu'il a tout gagné, ça pose problème. »

Thiago Motta, le milieu du PSG, ne voit pas, lui, où est le problème. « Ce sont sans aucun doute les deux plus grands joueurs du moment. Ils vont continuer encore longtemps à nous émerveiller. Moi, évidemment, je suis un peu plus pour Leo [Motta a joué au Barça avec Messi], car, selon moi, il est encore au-dessus de ce qu'il a déjà réalisé dans sa carrière. » Interrogés en zone mixte (l'endroit où les journalistes font leurs interviews) après leurs matchs, deux internationaux portugais se montrent, quant à eux, plutôt pro-Ronaldo. Logique vis-à-vis d'un capitaine qu'ils admirent et avec lequel ils ne veulent surtout pas se fâcher. Pour Nélson Oliveira, l'ex-attaquant du Stade Rennais, « c'est une année exceptionnelle pour Ronaldo. Après, il en a déjà eu tellement d'autres. C'est un exemple, tout simplement un joueur extraordinaire* ». Anthony Lopes, le gardien de l'Olympique Lyonnais, va encore plus loin : « Le Ballon d'or, pour moi sans aucun doute, c'est Cristiano Ronaldo. C'est un joueur extraordinaire qui débloque la situation à tout moment, et c'est le meilleur joueur au monde, il n'y a pas photo* ! » Et qu'en pense Ruud van Nistelrooy, l'ancien coéquipier de Ronaldo à Manchester ? Interrogé par Pierre Ménès sur Canal+ le 15 février 2014, l'ancien attaquant néerlandais des Red Devils et du Real sait de quoi il parle, meilleur buteur du championnat d'Angleterre 2003 (25 buts) et meilleur buteur de Liga en 2007 (25 buts). « Moi, j'aurais voté Ronaldo. En 2013, le Portugais a été meilleur que Messi. Cependant, les deux joueurs ont changé les standards du football. Ils le font depuis quelques années maintenant et ils ne s'arrêtent pas, d'ailleurs. Le nombre de buts qu'ils mettent est juste dingue. Ça aurait été impensable avant. »

Messi et Ronaldo ont chacun leurs qualités. À l'origine, deux joueurs de couloir qui ne sont pas de vrais numéros 9, mais marquent beaucoup plus que tous les plus grands attaquants de pointe du moment (Falcao, Ibrahimovic, Cavani, Suárez, van Persie)... Depuis sept ans, Ronaldo et Messi étendent leur domination. La seule différence entre les deux joueurs : Messi ne s'est jamais mis en danger et a toujours évolué au Barça tandis que Ronaldo a explosé à Manchester United, puis est devenu un joueur exceptionnel au Real. Le Portugais a aussi énormément fait évoluer son style : entre le gamin de dix-neuf ans et le footballeur confirmé de 2014, il y a un gouffre. Avant, Ronaldo dribblait, centrait, mais se montrait assez peu présent dans la surface. Aujourd'hui, il sait tout faire : marquer de la tête, être décisif sur coup franc et, surtout, il est devenu un vrai grand buteur. Ronaldo, l'homme qui a compris une chose très simple : pour devenir le meilleur joueur du monde, il faut inscrire beaucoup de buts. L'attaquant du Real a donc décidé de faire évoluer son jeu en conséquence.

Concernant la polémique liée au changement de dates, vingt-quatre heures après l'annonce du nouveau Ballon d'or, le groupe *L'Équipe* a fini par dévoiler tous les votes, collège par collège : journalistes, sélectionneurs et capitaines. Et une confirmation : les journalistes avaient bien placé Ribéry en tête. Sur la question du report de date au 29 novembre, la direction de *France Football* a également précisé les choses pour les votes des capitaines et des sélectionneurs : ceux qui avaient voté au 15 novembre n'ont pu modifier leur choix. La fenêtre a juste permis à ceux qui avaient oublié de voter de le faire. Une précision : seuls 9 % des votes ont été effectués entre le 15 et le 29 novembre. Afin de vérifier tout cela, nous avons réussi à obtenir des informations auprès du capitaine d'un pays africain tout d'abord : « Je n'ai rien reçu. L'information m'a été transmise par ma fédération par téléphone. Je n'y ai pas donné d'importance, car, de toute façon, je n'allais pas changer mon vote. »

Ceux qui avaient déjà voté auraient donc eu la possibilité de revoter. Ou encore ce sélectionneur qui nous a confié : « J'ai voté dans les temps, donc si la Fifa a envoyé quelque chose, c'est la Fédération qui a reçu l'information. Je n'ai rien reçu et je n'avais pas besoin de cette prolongation, car j'avais déjà voté. C'est la Fédération qui reçoit les mails et elle n'a même pas dû y prêter attention vu qu'on avait déjà voté. » De l'opacité, et beaucoup d'à peu près.

Quel a été le vote de Messi ? Pas la moindre trace de Ronaldo, le capitaine de l'Argentine ayant voté pour ses trois coéquipiers du Barça : Iniesta, Xavi et Neymar. Du côté de Cristiano Ronaldo, Messi est évidemment absent et un trio composé de Falcao (autre joueur géré par Mendes), Bale (son coéquipier au Real) et Özil (ancien coéquipier à Madrid). Et que penser du vote de Zlatan qui a placé Ribéry en tête devant Messi et Ronaldo ? Quand on sait à quel point Ibra apprécie le Portugais... Quatre Ballons d'or à deux, l'écart se resserre. Meilleur joueur du monde en 2013, une délivrance pour le Madrilène et la reconnaissance tant attendue de son immense talent.

Ronaldo vs Messi, une confrontation qui fait plouf

Le rendez-vous avait été présenté en grande pompe : Argentine-Portugal et le duel entre les deux meilleurs joueurs du monde. Une sorte de combat de boxe qui ne tiendra pas ses promesses... Un match amical disputé à Old Trafford (Manchester United), l'ancien jardin de Ronaldo, et un public tout acquis à la cause du Portugais. Un rendez-vous marqué par la première d'un joueur de Ligue 1, le latéral gauche de Lorient, Raphaël Guerreiro, appelé pour la première fois en équipe du Portugal. Une convocation facilitée par l'entremise de Pedro Miguel Pauleta, l'ancien attaquant du PSG et contact privilégié du Lorientais... Le jeune latéral apporte sa vision des joueurs côtoyés en sélection et de Cristiano Ronaldo évidemment : « Ils ne se prennent pas du tout la tête. Ils ne sont pas arrogants comme peuvent le dire certains journaux. Dans le groupe, il n'y a aucun souci. Ils m'ont tous tendu la main pour m'intégrer du mieux possible. Cristiano Ronaldo aussi », a-t-il déclaré au site du FC Lorient avant de finir sur une note humoristique. « Ronaldo, j'aurais aimé lui demander plus de conseils. C'est compliqué quand tu ne parles pas très bien la langue. J'ai un peu échangé avec lui. Il m'a demandé où se situait Lorient. » (*rires*)

Mais un Madrilène qui sera étonnamment transparent lors de cet Argentine-Portugal, l'un des matchs les plus tristes entre les deux hommes. Ronaldo et Messi sortiront à la mi-temps, très peu en vue. En revanche, sur un centre de Quaresma, Guerreiro offrira la victoire aux hommes de Santos dans les dernières secondes. Un souvenir marquant pour le petit Breton, un souvenir parmi d'autres :

« Ronaldo n'intervient pas vraiment lors des discours d'avant-match. Je me posais la question avant d'y aller et en fait il intervient quand on fait des regroupements dans les chambres, là oui, c'est lui qui prend la parole. » À l'arrivée, 1-0 en faveur du Portugal, une confrontation des plus décevantes et un succès anecdotique du Madrilène sur son ennemi héréditaire.

Et de trois !

D'une année sur l'autre mais une configuration bien différente. Le 12 janvier 2015, grand favori malgré un terne Mondial, Ronaldo remporte un deuxième Ballon d'or consécutif, le troisième de sa carrière, fruit d'une année exceptionnelle avec 61 buts marqués en 60 matchs toutes compétitions confondues, une Ligue des champions et une Coupe du roi remportées sous les couleurs madrilènes. Le résultat définit bien l'écart entre le Portugais et ses deux concurrents : 37,66 % des voix pour le Madrilène, 15,76 % concernant Messi et 15,72 % pour Manuel Neuer, le gardien de l'équipe d'Allemagne championne du monde. Que retenir du comportement de Ronaldo lors de ce troisième sacre ? Une déclaration qui lui ressemble bien : « Peut-être que je vais rattraper Messi, ça ne m'empêche pas de dormir, mais j'aimerais entrer dans l'histoire du football... » Sans oublier un cri de guerre du Madrilène lors de la remise du trophée, « Siiii », cri de ralliement du vestiaire du Real depuis l'été 2011 repris lors des buts marqués par les Merengues, lors de victoires ou même de beaux gestes à l'entraînement. Et puis le comble du comble pour l'ancien joueur du Sporting : une séquence cocasse et plutôt drôle où le fils de Ronaldo avoue à son père qu'il est fan de Messi. Un comble vécu par Ronaldo senior dans les salons zurichois. Assis à côté de son père, le petit Cristiano se lève pour aller serrer la main de l'Argentin. « Mon fils a regardé une vidéo de nous et il m'a parlé de toi, explique le Portugais. Il ne faut pas que tu aies honte », ajoute ensuite Ronaldo Senior dans un grand sourire.

Une situation témoignant d'un léger changement d'attitude entre les deux hommes. Un virage initié en finale de Coupe d'Espagne 2014 où Ronaldo, blessé et forfait, était venu réconforter l'enfant de la Masia battu par le Real 2 buts à 1. Ses deux derniers Ballons d'or 2013 et 2014 l'ont apaisé, l'ont fait mûrir dans son rapport au Barcelonais qu'il appréhende désormais plus comme une source de motivation. Mais même si la relation s'est un peu apaisée, ils gardent évidemment en tête l'un des objectifs prioritaires de leur vie : être sacré Ballon d'or encore et toujours chaque année. Pour l'anecdote, concernant l'édition 2014, une fois de plus, pas la moindre trace du Portugais dans le vote de Lionel Messi et inversement. Pour l'Argentin, « Cristiano Ronaldo est un juste vainqueur, mais ce qui m'intéresse le plus, c'est de réaliser une belle année. Je ne suis pas obsédé par le fait de gagner ou non un cinquième Ballon d'or ». Parole de circonstance. Ronaldo devient l'égal de Platini, Van Basten et Cruyff avec trois titres de meilleur joueur du monde... À un Ballon d'or du recordman, Leo Messi. À l'arrivée, le Portugais a élevé son niveau de jeu depuis deux ans afin de remettre en cause l'hégémonie de son rival infernal préféré. Quatre Ballons d'or à trois en faveur du Catalan. Prochain épisode en 2016. À la conquête d'un trophée si cher aux deux petits génies du football moderne.

CHAPITRE 5

Mourinho-Ronaldo, de l'amour à la...

L'été 2010 a été celui où toute une nation, le Portugal, a démontré sa fierté, celle de pouvoir compter sur l'un des meilleurs entraîneurs au monde, José Mourinho, et l'un des plus talentueux joueurs, Cristiano Ronaldo, enfin réunis au sein du club le plus prestigieux, le Real Madrid. Un binôme espéré par la plupart des Portugais et qui prendra forme en Espagne et non en équipe du Portugal. Avoir réussi à placer ses deux plus gros actifs dans l'un des plus grands clubs de l'histoire est certainement le meilleur coup réalisé par l'agent des deux hommes, Jorge Mendes. Thibaud Leplat, auteur du livre *Le Cas Mourinho*[1] et correspondant de médias français à Madrid, assure que Cristiano Ronaldo n'est en aucun cas à l'origine de l'arrivée de Mourinho dans la capitale espagnole. « Ronaldo n'a pas joué de rôle. Ils ont le même agent, mais Mourinho se gère tout seul. Mendes est l'agent de Mourinho depuis son transfert de Porto vers Chelsea. Un agent qui n'a pas

1. Thibaud Leplat, *Le Cas Mourinho*, Hugo Sport, 2013.

la même fonction qu'avec Ronaldo : Mendes est son employé plus que son conseiller. Et puis Ronaldo n'a pas influencé le président du Real, Florentino Pérez, car les deux hommes ne s'entendent pas très bien… Ronaldo, c'est le choix de Calderón et non de Pérez. Ronaldo est attaché à l'image du Real et non à Florentino Pérez. C'est aussi pour ça que les deux hommes n'ont pas vraiment échangé à propos de l'arrivée de Mourinho*. »

En plaçant Mourinho à la tête du club merengue, le président du Real voulait surtout redonner le pouvoir au technicien quand le vestiaire très espagnol avait fini par obtenir la tête de Manuel Pellegrini. Ronaldo-Mourinho, l'histoire est belle, elle a été belle, mais elle s'est finie d'une bien piètre manière. José Mourinho-Cristiano Ronaldo, c'est l'histoire d'un couple qui, à vitesse grand V, est passé d'une vraie complicité à des rapports exécrables.

Une relation qui démarre fort

Au Portugal, il y avait une attente, un espoir exprimé depuis longtemps : que le plus grand entraîneur portugais rejoigne le plus grand joueur lusitanien. Luís Aguilar, auteur de plusieurs ouvrages sur le football, dont *Jogada Ilegal* et *El Portugués – a biografia de Paulo Futre*, retranscrit parfaitement l'image que les Lusitaniens se font du technicien portugais. « J'adore

Mourinho. Pour moi, c'est plus qu'un entraîneur. Mourinho, c'est un personnage de film, un chanteur de rock. C'est fantastique d'avoir un Portugais avec autant de succès et de personnalité. Nous tous, dans nos vies, dans nos métiers, vous imaginez à quel point on serait contents d'être orientés par Mourinho pour atteindre le maximum de nos capacités, d'être coachés par Mourinho et représentés par Jorge Mendes*. » Une bonne dose de patriotisme qui s'étend bien évidemment à Cristiano Ronaldo. À l'époque, José Mourinho paraît être LA solution pour en finir avec l'hégémonie du FC Barcelone et, évidemment, offrir la dixième Ligue des champions de l'histoire au Real, l'objectif ultime, l'aboutissement. Florentino Pérez lui-même déclarait à l'époque : « José Mourinho est l'un des meilleurs entraîneurs du monde, sinon le meilleur. Il va apporter une vraie plus-value à notre effectif. » Cristiano Ronaldo avoue alors son admiration pour son nouveau coach dans *As*, le quotidien sportif espagnol : « Avec Mourinho, nous sommes plus heureux. C'est quelqu'un de fantastique. Avec l'expérience qu'il possède et tous les titres qu'il a gagnés, c'est toujours bien de travailler avec lui. » En fait, il faut décrypter : le Ballon d'or est content, car Mourinho est un grand entraîneur, mais il aurait affirmé la même chose de Carlo Ancelotti et de n'importe quel grand entraîneur qui aurait signé à Madrid.

Le technicien arrive avec des ambitions et les proclame haut et fort. « Je ne sais pas si je suis né pour entraîner le Real Madrid, mais je suis né pour être entraîneur, ça me plaît et j'aime les défis importants. Au Real, c'est l'histoire qui m'attire, ses frustrations de ces dernières années et les attentes de victoire. C'est un club unique et ne pas l'entraîner aurait constitué un creux dans ma carrière d'entraîneur. Mais le plus beau n'est pas de le diriger, mais de gagner et c'est ce que je vais dire à mes joueurs. J'ai réalisé énormément de choses pour mériter d'être ici, mais je ne vais pas m'endormir sur mes lauriers. Il y a quelques minutes, le président m'a montré les trophées que le club a gagnés dans le passé et il attend le prochain triomphe. Moi aussi. J'ai une grande confiance en moi et je ne pense pas à une future mise à la porte. Quatre ans de contrat, c'est suffisant pour gagner, créer une équipe avec une identité et préparer l'avenir. Je crois en mes nouveaux joueurs et je pense qu'eux aussi croient en moi. Je promets de ne pas changer, avec mes qualités et mes défauts. » Lors de la présentation, il aura également des mots très élogieux pour Cristiano Ronaldo. « C'est un joueur incroyable, très important, mais l'équipe est plus importante. L'équipe est au-dessus des individualités et les joueurs doivent comprendre cela. Cristiano aime gagner et moi aussi, donc ça ne sera pas difficile de le persuader que le club est plus important, plus important que les joueurs et l'entraîneur. » Pour finir, José Mourinho n'oublie pas d'évoquer le Barça, le grand rival, ce club où il a été traducteur puis entraîneur adjoint, mais qui n'a jamais vraiment eu envie de lui donner pleinement sa chance. « Je ne suis pas anti-barcelonais. C'est un grand rival en Ligue des champions et lors des compétitions internes, mais je ne veux pas penser au Barça. Si je suis haï à Barcelone, c'est le problème de celui qui me hait, pas le mien. J'ai préparé les matchs face à eux de la même manière, avec professionnalisme, dix rencontres en cinq ans, et je ferai pareil à Madrid. Barcelone ne me fait pas peur, ce mot n'existe pas dans mon dictionnaire. » Mourinho en profite pour faire une mise au point concernant son effectif et commet deux erreurs dès son arrivée en transférant deux cadres du vestiaire, emblématiques du club, le milieu Guti et surtout l'enfant chéri, l'âme de la « maison blanche », l'attaquant Raúl González. À Madrid, les débuts du technicien portugais sont excellents : dix victoires, deux matchs nuls et pas la moindre défaite. Thibaud Leplat décrit les débuts de la relation entre les deux Portugais : « Leurs premiers mois ensemble au Real se déroulent correctement. Quand Mourinho arrive, de toute façon, tout le monde file droit. » Mais la 13e journée va remettre en cause, fragiliser la méthode du « Special One ». Le FC Barcelone fait redescendre Mourinho sur terre et de quelle manière. Un 5-0 de légende, la *manita,* la supériorité de Messi, Xavi et compagnie est manifeste. Le technicien portugais se rend bien compte que son effectif n'est peut-être pas à la hauteur de celui du Barça. Dans l'ensemble, la première saison

(2010-2011) se passe bien malgré tout. La vraie première tension entre les deux Portugais sera déclenchée par un autre clásico, en demi-finale aller de Ligue des champions à Bernabéu, en avril 2011, lorsque le Real s'incline une fois de plus face à son ennemi héréditaire (0-2). Pour justifier la défaite des Merengues, en conférence de presse, Mourinho s'en prend à tout le monde : l'UEFA, Guardiola... La tactique mise en place par Mourinho avec trois récupérateurs et Pepe devant la défense n'avait pas plu à Ronaldo qui ne s'était pas privé de le dire publiquement, n'appréciant pas l'option suivie par son coach de jouer de manière aussi défensive. Cette prise de position sera impardonnable aux yeux de son entraîneur qui ne supporte pas que l'on remette en cause ses choix en public. Mourinho maîtrise tout dans son vestiaire, notamment les éléments de langage livrés à la presse par ses joueurs après les matchs. « Vous allez dire ceci, critiquer l'arbitre, l'adversaire... » Que Ronaldo n'ait pas utilisé ses éléments de langage ne lui plaît absolument pas et une « guerre souterraine » va démarrer entre les deux hommes. Dans son numéro de novembre 2013, *So Foot* reprend les propos prêtés, par l'auteur espagnol Diego Torres qui relate la scène, à Mourinho après la demi-finale retour et l'élimination du Real : « Tu dis que nous jouons de manière défensive, mais tu sais pourquoi ? À cause de toi [Cristiano Ronaldo] ! Vu que tu ne veux pas défendre, je suis obligé de mettre toute mon équipe derrière. [...] Tu n'as pas de respect pour tes coéquipiers. Tu lèves les mains au ciel quand les ballons n'arrivent pas. Tu les regardes courir. Tu vois Pepe et Lassana Diarra [milieu français] courir, mais toi, tu râles ! Tu pourrais être un meilleur coéquipier et, au lieu de lever les bras au ciel, aller aux conférences de presse pour parler des arbitres comme je te le demande, mais tu préfères te plaindre de la manière dont on joue. Tu fais comme bon te semble, alors que j'ai inventé un système pour toi, pour que tu sois à l'aise, pour que tu ne coures pas et que tu mettes plein de buts. Nous jouons comme ça à cause de toi ! Si je te dis de défendre sur Alves [défenseur du Barça], tu ne le fais pas, mais Di Maria, lui, ça ne lui pose pas de problème. Tu crois qu'il est inférieur à toi, c'est ça ? » Si ces propos sont d'une rare violence, la saison, malgré tout, se termine sur une note positive : la victoire du Real face au Barça en finale de Coupe du roi qui « rebooste » l'espace de quelques jours les relations entre les deux Portugais... Le premier titre de Mourinho en Espagne offert par Cristiano Ronaldo, auteur du but de la victoire, 1-0 après prolongations. José Mourinho livre son ressenti, empreint d'autosatisfaction évidemment : « On a très bien joué face à une grande équipe. Je suis fier de mes joueurs et de moi-même, parce que j'ai gagné quatre Coupes nationales dans quatre pays différents. » Un titre qui échappait au Real Madrid depuis 1993 !

Le titre de champion d'Espagne 2012 : l'aboutissement

La Coupe d'Espagne aura servi de détonateur et totalement décomplexé le club de la capitale dans sa lutte à distance avec le FC Barcelone. Grâce à cet élan, la saison suivante va être celle de la consécration pour les deux hommes. Ronaldo marque 46 buts en 38 matchs de Liga (2011-2012), termine meilleur buteur du championnat et le Real finit champion avec 100 points. Robert Pirès, qui a joué en Espagne, à Villarreal pendant quatre ans, évoque le nouveau palier franchi par l'attaquant portugais : « Le prix qui a été mis sur son dos [94 millions], ce n'était pas son problème et encore une fois il a assumé ce rôle-là. La pression, il a très bien su la gérer, il savait qu'il était attendu, surtout quand on arrive au Real Madrid, c'est pire qu'en Angleterre ou à Manchester United. Il a su faire face à tout ça. Je l'ai vu arriver vraiment déterminé en Liga. Il était transformé ; quand je le voyais, physiquement, je me disais : "Purée, le mec, il a passé ses journées à la salle de muscu, ce n'est pas possible !" Et puis surtout au niveau vitesse, je trouvais qu'il s'était amélioré à ce niveau-là également*. »

Des performances hors norme au point, d'ailleurs, d'être sollicité par des entreprises pour des études scientifiques afin d'en savoir plus sur son métabolisme, sur son corps. Malgré tout, les choses se gâtent dans les coulisses de la capitale avec la remise du prix du Joueur portugais de l'année, décerné par le quotidien sportif *A Bola*. En 2012, Ronaldo est sacré et Mourinho est invité avec Eusébio et Di Stefano, les légendes du football portugais et espagnol. Mais selon nos informations, le technicien portugais refuse de s'y rendre et déclare : « Dans une telle soirée, il ne peut y avoir qu'une seule star. » À mesure que Mourinho s'énerve, que son discours devient de plus en plus agressif dans le vestiaire du Real, il pousse Cristiano Ronaldo à se démarquer et à se désolidariser. Pourtant, l'ancien entraîneur de Porto est soutenu par le président Florentino Pérez et signe une prolongation de contrat de deux ans jusqu'en 2016. La « guerre souterraine » devient de plus en plus sournoise. Et pourtant, quelques mois plus tôt, Mourinho expliquait à tout le monde en Espagne que son jeune compatriote était « intouchable ». Une époque rapidement révolue.

« Quand j'arrive à côté de ma voiture, qui je vois ? Cristiano Ronaldo ! »

Il y a aussi des Portugais avec qui Ronaldo s'entend très bien au Real : ses coéquipiers lusitaniens, Pepe évidemment, mais aussi un jeune joueur passé par le centre de formation du Sporting, ayant évolué dans l'équipe B du Real Madrid (2006-2010), un milieu offensif comparé à Cristiano Ronaldo chez les jeunes au Portugal, mais la comparaison s'arrêtera là. Pedro Marques a côtoyé Ronaldo au centre de formation du club lisboète au début des années 2000 puis le retrouvera au Real. Comment se dérouleront les retrouvailles ? Aide-t-il ses jeunes compatriotes en quête de réussite sportive ? Comment vit-il au quotidien ? Entretien avec un ancien espoir du football portugais et très admiratif du double Ballon d'or.

Vous pouvez nous raconter la manière dont vous vous êtes retrouvés...

Ça a été mieux que je n'aurais pu l'imaginer. En fait, quand il est parti à Manchester, j'ai perdu le contact avec lui et on ne s'était plus parlé. On n'était pas non plus vraiment amis en dehors du terrain. Donc je me suis dit qu'il n'allait même pas se rappeler de moi. Et je ne suis pas non plus de ceux qui auraient été le voir pour lui dire : « Hé, tu te souviens de moi. » Mais le hasard a voulu que mon père m'accompagne durant la présaison. Il avait passé les vacances avec moi à Madrid. Un jour, je sors de l'entraînement, j'arrive sur le parking et à côté de ma voiture, il y avait beaucoup de monde. J'aperçois Cristiano Ronaldo qui parle avec mon père. Quand il est sorti de l'entraînement, Ronaldo l'a reconnu, a arrêté sa voiture et a commencé à parler avec lui. Ensuite, je suis arrivé, et on a discuté.

Il ne vous avait donc pas oublié ?

Non, mais le plus étrange, c'est qu'il n'avait pas oublié mon père non plus. Les gens qui avaient vu l'entraînement étaient complètement fous et se demandaient qui était mon père !

Que vous a-t-il dit à ce moment-là ?

Que si j'avais besoin de quoi que ce soit, il serait présent. Il m'a mis à l'aise. À l'époque, il venait de recevoir le Ballon d'or 2008. Les gens qui ne le connaissent pas ont une fausse idée de Ronaldo. C'est quelqu'un d'extraordinaire. C'est un joueur aimé, mais en même temps détesté par certains.

Quelles ont été vos relations à Madrid ?

Quand il est arrivé, c'était ma dernière saison au Real et j'avais connu une grave blessure. À ce moment-là, il a également eu une blessure similaire, sauf que la mienne mettait un peu plus de temps à guérir. Il m'a emmené chez le médecin de l'équipe principale, chez son médecin personnel et il leur a demandé de s'occuper de moi. Ronaldo a été formidable avec moi. À plusieurs reprises, il m'a dit de passer chez lui. Mais je ne voulais pas trop abuser. Le fait d'être avec lui en stage, à l'entraînement ou après, quand on allait à l'hydromassage ou à la piscine, c'était suffisant pour moi. Je ne sentais pas le besoin d'aller chez lui, de prendre une photo et de me connecter sur Facebook pour dire que j'étais chez Cristiano Ronaldo. Je n'ai jamais été comme ça. J'ai toujours laissé un peu de distance entre lui et moi, car je ne voulais pas qu'il pense que je voulais profiter de lui.

Vous vous êtes revus ?
On s'est parlé une ou deux fois quand je suis retourné à Madrid. J'ai été voir un ou deux matchs du Real et j'ai été dans sa loge, mais rien de plus. Je ne cherche pas forcément à être en contact avec lui. Je n'en ressens pas le besoin. C'est une personne normale, comme d'autres collègues que j'ai eus et avec qui je n'ai plus beaucoup d'échanges ou que je n'ai pas forcément au téléphone tous les jours. Mais si demain j'ai besoin de quelque chose, si je l'appelle, je suis sûr qu'il ne me tournera pas le dos*.

Les raisons de la haine

Après le titre de champion en mai 2012, Mourinho sent que le vent tourne et demande à Mendes de lui trouver un club, mais le technicien portugais est obligé de rester à Madrid. Impossible de rejoindre

Chelsea où Di Matteo a gagné la Ligue des champions... Abramovitch est obligé de poursuivre avec l'Italien. Mais ce n'est pas tout. Il y a un début de conflit avec Zinedine Zidane qui ne veut plus être son adjoint. Puis d'autres problèmes avec Kaká, Sahin... Et, surtout, arrivent très tôt les premières défaites en Liga dès le début de saison. Et comme si les problèmes n'étaient pas assez nombreux, d'autres se profilent avec ses compatriotes. Le cas Pepe est un bel exemple, un joueur défendu par Mourinho dès sa première saison. « Pepe, je demande publiquement ta revalorisation et en échange tu me donnes ta loyauté totale », voilà à peu près le deal. Le défenseur portugais, leader de sa garde rapprochée, est l'homme des basses œuvres. Mourinho le fait jouer milieu récupérateur face au Barça. En retour, le joueur se montre d'une loyauté quasi aveugle envers son coach, tout du moins jusqu'à l'« affaire Casillas » (lorsque le gardien champion du monde est devenu remplaçant) que Pepe défend face à Mourinho. La réponse de l'entraîneur du Real est très simple : il remplace Pepe dans le onze par un jeune Français, Raphaël Varane. Ensuite surgit le cas Marcelo. Selon Thibaud Leplat, « Mourinho n'aime pas les joueurs brésiliens, car ils ne sont pas assez disciplinés. Marcelo est difficilement contrôlable et évolue depuis longtemps au Real. Tout l'opposé de l'autre arrière gauche madrilène : Coentrão. L'ancien entraîneur de Porto le défendait de manière caricaturale, agaçant Ramos et les cadres du vestiaire ». Ainsi, il existe deux poids, deux mesures et le cas Coentrão est révélateur de l'injustice liée au management Mourinho. Qu'en pense Ronaldo ? Il regarde ça de loin, mais prend de plus en plus ses distances avec son entraîneur. D'ailleurs, il y a une anecdote assez cocasse. Les deux hommes ne se parlent que par l'intermédiaire de Rui Faria, l'adjoint de Mourinho. Ronaldo était proche de Faria et lors d'une conversation dans le vestiaire, il lui a assuré : « Si je mets un but, je viendrai le partager avec toi et je te le dédierai. » Au moment où il marque, Cristiano Ronaldo court vers Faria, mais Mourinho se place entre les deux hommes et cela donne lieu à une image assez drôle : Cristiano Ronaldo dans les bras de son entraîneur alors que les deux hommes ne se supportent plus. Ronaldo regarde Rui Faria et se marre. Les conflits sont ainsi légion. En février 2013, lors d'une défaite du Real à Grenade (1-0), la huitième défaite de la saison, pour la première fois, Cristiano Ronaldo marque un but contre son camp. Un geste pas vraiment du goût de son compatriote. Une nouvelle étape est franchie après la défaite face à Dortmund en demi-finale aller de Ligue des champions (4-1). En rentrant, le technicien lusitanien vide son bureau à Valdebebas (le centre d'entraînement du Real Madrid). Cristiano Ronaldo est triste, car il n'a toujours pas été augmenté et Mourinho se sent petit à petit abandonné par son compatriote et le vestiaire madrilène. C'est la fin de l'aventure Mourinho à Madrid. En partant, l'entraîneur portugais va d'ailleurs se lâcher lors de son dernier discours avant son départ pour Chelsea à l'été 2013. Selon Thibaud Leplat, « le problème avec Cristiano Ronaldo, c'est qu'il ne respecte pas les consignes, notamment sur le travail défensif et la tactique »... L'entraîneur portugais va plus loin encore et sanctionne son joueur vedette en le privant des deux derniers matchs de la saison. Le vainqueur des Ligues des champions 2004 et 2010 réserve également un traitement de choc à Marcelo, le grand copain de Ronaldo. L'international brésilien avait pris du poids et Mourinho l'avait pourtant aligné sur le terrain. La presse avait violemment critiqué l'arrière latéral gauche du Real, mais le public avait bien compris ce qui se tramait en coulisses. Le divorce est pleinement consommé. Pour Luís Aguilar, « le conflit entre les deux hommes est la conséquence des mauvais résultats du Real. Entre les deux, je pense que ça a marché durant un certain temps. Avec Mourinho, Cristiano Ronaldo a quand même battu beaucoup de records ».

Le Real terminera la saison sans titre, doit céder la Liga au Barça, est éliminé en demi-finale de Ligue des champions et perd la finale de la Coupe d'Espagne. Aguilar poursuit : « Je ne pense pas qu'il y ait de l'amour ou de la haine. Je crois que tout ça a été exagéré. C'est une fausse polémique. Ils ont échangé des paroles pas forcément très cordiales, c'est juste ça. Les problèmes au Real, Mourinho les a surtout rencontrés avec Pepe, Sergio Ramos ou Casillas. » Régis Dupont partage ce point de vue : « Finalement, ce n'est pas très étonnant que ça ait fini comme ça. Déjà, à l'époque où Ronaldo jouait à Manchester United, il y avait déjà eu deux ou trois piques de Mourinho[1]. Fondamentalement, il y a peu de chances qu'ils s'entendent parce que les deux sont très égocentriques. En plus, Ronaldo ne correspond pas vraiment au type de footballeur que Mourinho apprécie. C'est un joueur qui joue sur le côté et qui ne défend pas beaucoup. Ce n'est pas quelqu'un qui va revenir le long de la ligne systématiquement pour défendre, et ça, ça ne correspond pas à la manière de travailler du technicien portugais. À la base, il y avait un problème. Ensuite, Mourinho a fait l'effort au début et effectivement ça a très bien marché. Il était évident que, dans les moments de tension, ça risquait de mal se passer. Je pense que le problème était tout bêtement au niveau de l'effectif, trop de joueurs ne défendaient pas, tels que Ronaldo et Benzema. Il y a eu aussi les questions d'ego. Partout où il est passé, Mourinho est le patron, même quand il avait des stars. Drogba, c'était une star, Eto'o également. Il a réussi avec des stars dans son effectif, mais il aime bien être le patron et à un moment, il a senti que Ronaldo devenait beaucoup trop puissant au sein du club. En conséquence, les

1. À l'époque, Mourinho, manager de Chelsea, accusait les arbitres de Premier League de fermer les yeux sur les plongeons du numéro 7 de Manchester United.

joueurs ne suivaient plus leur entraîneur. L'origine du clash, c'est que Ronaldo était plus fort que Mourinho, il était devenu plus important que son coach*. »

Sergio Fernández, journaliste à *Marca*, l'un des deux grands quotidiens sportifs madrilènes, nous éclaire : « Mourinho est quelqu'un qui sait motiver. Les joueurs sont derrière lui jusqu'à la mort au début, mais après une, deux, voire trois saisons, les joueurs commencent à être usés par son mode de fonctionnement. Mourinho est mal éduqué. Parfois, il ne vous "calcule" pas. En revanche, il sait très bien utiliser la presse en sa faveur quand il en a besoin*. » Lors du départ du technicien portugais, Florentino Pérez affirmera avec beaucoup de tranquillité : « Rester trois ans à Madrid, ce n'est pas facile, surtout dans une institution avec autant de pression que dans notre club. Avec le temps, il y a des choses qui se passent. Je crois qu'au niveau personnel, c'est mieux qu'il quitte le club. Je suis complètement d'accord avec lui. Évidemment que j'aurais aimé que Mourinho continue. Je n'en ai aucun doute. Je pense à la stabilité qu'un entraîneur peut donner à un club durant plusieurs années. Mais le niveau de pression était tel que les personnes ont une limite. Être perpétuellement aussi exigeant entraîne une certaine fatigue. En Angleterre, les matchs durent quatre-vingt-dix minutes, plus deux heures avant le match, et deux heures après le match. Ici, ça dure toute la semaine. » Dans ses moments les plus difficiles, dominé par le

Barça et victime des attaques quotidiennes de la presse espagnole, Mourinho avait trouvé l'astuce : faire porter la responsabilité de l'échec madrilène sur les épaules de Ronaldo, mais cela ne fonctionnera qu'un temps.

Question d'ego

Beaucoup y verront de la haine, d'autres les conséquences d'un milieu très particulier. Deux caractères forts dans un vestiaire, cela crée forcément des frictions. Eduardo Gonçalves « trouve que ce sont des divergences normales qui apparaissent à n'importe quel moment. Ils avaient tous les deux des visions de jeu qui apparemment n'étaient pas les mêmes et du coup chacun a suivi sa route. On dit qu'ils sont fâchés et que ça ne va pas entre eux, mais est-ce la vérité ? Il y a eu peut-être des quiproquos aussi entre eux. Et il faut noter que parfois, nous les journalistes, on en fait des “caisses” pour pas grand-chose. José Mourinho est parti, Carlo Ancelotti est arrivé et il parvient à tirer le meilleur de Cristiano Ronaldo* ». D'autres y verront une simple question d'ego, comme Jean-Marie Goussard : « José Mourinho, qui revendique d'être le seul patron, a souvent pris ombrage de la popularité de ses stars [que ce soit avec les champions du monde Casillas et Ramos ou avec Ronaldo], parfois pour la bonne cause [éviter que le vestiaire madrilène ne se désagrège], mais souvent aussi pour tirer la couverture à lui. Toujours est-il que Cristiano Ronaldo, un impulsif, n'a pas pu s'empêcher après un but d'adresser un "doigt" et sans doute une insulte à son entraîneur en signe de représailles, faisant éclater au grand jour un différend qui datait déjà de quelques semaines*... » Un avis partagé par le journaliste de *Record*, Nuno Farinha. « Ça s'est mal terminé avec des déclarations très maladroites des deux côtés. Je pense que dans cet échange public, José Mourinho s'en est le moins bien sorti. Les déclarations de José Mourinho n'ont pas été très sympathiques envers Cristiano Ronaldo, et elles n'étaient vraiment pas nécessaires. Je dirais même qu'il y avait de l'ingratitude envers Ronaldo. Cristiano ne méritait pas un tel traitement. Mais tout cela est arrivé, car les choses ne se passaient plus très bien au Real et que l'entraîneur portugais était déjà en partance pour Chelsea. En définitive, ça a été la confrontation entre deux ego énormes ! Cristiano Ronaldo a un ego démesuré, mais José Mourinho a sûrement un ego encore plus grand. Quand deux hommes avec ce poids et cette importance dans le football, et dans leur club, doivent cohabiter lors d'un moment difficile où les défaites s'accumulent, aboutissant au départ de l'entraîneur, ils ne peuvent que s'affronter*. » Pour Robert Pirès, les deux Portugais ne se sont pas compris. « Mourinho, si vous l'avez dans la poche, il peut se comporter comme votre père. Les deux ont un fort ego, mais les deux ont surtout un puissant caractère, mais c'est normal. Quand vous avez un grand entraîneur qui coache un très grand joueur, parfois, il y a un peu de tension. Et puis, ce sont deux Portugais. Des gens qui aiment qu'on parle d'eux dans leur pays, donc ce n'était pas facile. Mais à l'arrivée, ils ont gagné ce qu'il fallait gagner. Mourinho est l'un des meilleurs entraîneurs européens. Partout où il va, il gagne quelque chose, il n'y en a pas beaucoup qui peuvent le faire, et lui l'a fait. » De la haine, peut-être pas, mais c'est une relation qui s'est violemment détériorée au fil des années, certainement.

Entre petites phrases et tentative de réconciliation

Interviewé par ESPN, une chaîne sportive américaine, Mourinho vise juste à l'été 2013, quelques semaines après son départ du Real : « Je suis devenu entraîneur principal en 2000, mais avant j'ai été adjoint dans des grands clubs avec de grands entraîneurs et de grands joueurs. À trente ans, j'ai entraîné Ronaldo – pas celui-ci [Cristiano], mais le vrai, le Brésilien –, Rivaldo, Figo, Guardiola. Même si j'étais seulement adjoint, j'ai senti que j'avais du potentiel et quatre ans après avoir commencé ma carrière, j'ai gagné une Ligue des champions [en 2004 avec Porto]. » Visé, Cristiano Ronaldo répondra assez simplement au cours d'une conférence de presse d'un tournoi amical à Miami, début août 2013 : « Il y a des choses qui ne méritent pas de commentaires. J'ai toujours respecté mes entraîneurs et j'essaie d'apprendre avec eux. Au Portugal, on a coutume de dire : "On ne crache pas dans le plat dans lequel on a mangé." Je préfère me remémorer des moments positifs. » Quelques jours plus tard, lors d'un match amical face aux Pays-Bas, Cristiano Ronaldo va pourtant surenchérir : « Mourinho ? Je ne vais pas parler de cette personne. Je pense que ça n'en vaut pas la peine », précise-t-il au journal *O Jogo*. Les premiers clashs entre les deux hommes remontent à 2007. Alors Mancunien CR7 n'était pas tendre avec son compatriote. « Mourinho a toujours besoin de parler pour justifier ses échecs. » L'entraîneur de Chelsea embrayait : « Ronaldo est un enfant immature et irrespectueux. Cela vient sans doute d'une enfance difficile lors de laquelle il n'a pas eu la meilleure des éducations. C'est un menteur », apprend-on dans *So Foot*. Depuis l'été 2013, Mourinho est retourné à Chelsea, son club de cœur, en Angleterre, ce pays qu'il aime tant et où il a laissé une trace : celle d'un entraîneur controversé, aimé, détesté, drôle, brillant et adepte d'un style de jeu basé sur le bloc équipe.

Ronaldo à Madrid, Mourinho à Londres, où en sont les relations entre les deux hommes aujourd'hui ? Jorge Mendes, leur agent, peut-il les réconcilier ? Pour Nuno Farinha, c'est impossible. « Aujourd'hui, Mendes a beaucoup de stars dont il doit s'occuper, et il ne peut pas se concentrer sur seulement deux d'entre elles, même si ce sont les plus importantes. Quand il y a des personnalités aussi fortes que celles-là, même Jorge Mendes ne peut pas intervenir pour leur faire entendre raison. Après, si l'agent portugais leur conseille de se rapprocher pour leur image et résoudre les malentendus, il réussira à les convaincre, car c'est très important pour les deux hommes. » Pour Régis Dupont, Mendes n'a pas voulu prendre parti, car le passage de Mourinho dans la capitale espagnole a été très positif pour l'agent superstar. « Ce n'est pas une mauvaise pioche pour Mendes. Quand on voit toutes les affaires qu'il a réussies, les joueurs qu'il a vendus à Madrid avec Mourinho comme coach... On croit toujours que c'est Ronaldo le plus important pour Mendes, mais je ne suis pas sûr que ce soit vrai. Il est important en termes d'image de marque parce qu'effectivement c'est l'un des deux ou trois meilleurs joueurs du monde, mais, fondamentalement, le personnage le plus important et celui qui a vraiment lancé la carrière de l'agent portugais, c'est le passage de Mourinho dans l'écurie Mendes en 2004. L'entraîneur portugais est très important dans le business Mendes, alors qu'il a globalement du mal à le gérer. » Mendes aurait-il touché une commission de plusieurs millions d'euros lors du transfert du « Special One » à Madrid en 2010 ? De très gros chiffres ont circulé. En attendant et de manière assez paradoxale, le technicien lusitanien n'a pas hésité à encenser Cristiano Ronaldo dans la course au Ballon d'or dans la presse britannique fin 2013, notamment après le triplé de l'attaquant de la sélection portugaise en barrages lors du match retour en Suède. Téléguidé par Mendes[1] ? « Je n'ai jamais vu un aussi grand professionnel. Entraîner Cristiano Ronaldo a été le point culminant de ma carrière. C'est le joueur le plus professionnel que j'aie jamais rencontré. Un coach et un joueur peuvent avoir des différends à un moment donné, mais ça s'arrête là. Je n'ai pas de problème avec Cristiano. Être dans un club avec Cristiano Ronaldo est la meilleure chose qui me soit arrivée. » Ou l'art de dire tout et son contraire. Selon Thibaud Leplat, « la relation s'est détériorée même si Mourinho a soutenu Cristiano Ronaldo dernièrement. Mourinho veut entraîner le Portugal et il faut soutenir les Portugais contre n'importe quel autre joueur. Il soigne son image au Portugal. Son objectif, c'est de gagner un titre avec la sélection. Entre Mourinho et Ronaldo, ce sont des rapports via Mendes, leur agent commun, mais une chose est sûre : ils ne partiront pas en vacances ensemble ». José Mourinho entraînera-t-il un jour la Selecção ? Avec ou sans Ronaldo ? Reverra-t-on les deux Portugais les plus connus du moment collaborer de nouveau ? En 2018, pour la Coupe du monde, certainement la dernière grande compétition de

1. Contacté, Mourinho n'a pas souhaité nous répondre.

l'attaquant portugais... Mais Ronaldo acceptera-t-il d'être de nouveau entraîné par son compatriote ? A priori oui à en croire cet entretien accordé au quotidien portugais *A Bola* : « Je serais d'accord pour retravailler avec Mourinho, comme avec d'autres entraîneurs, Ferguson, Bölöni, Pellegrini. Ce sont des entraîneurs avec qui j'ai beaucoup appris. Je ne suis pas en colère contre lui. J'apprécie les personnes avec qui j'ai travaillé et je ne méprise personne. Ce que je veux, c'est gagner des titres et si j'ai les meilleures personnes à mes côtés et de mon niveau, c'est encore mieux. » Entre le politiquement correct et la réalité, où se situe la vérité ? Entre faux-semblant et envie de porter le Portugal au plus haut, tout est imaginable. Les deux hommes ont apaisé leur discours, mais Ronaldo verra toujours d'un meilleur œil de pouvoir s'appuyer sur un sélectionneur paternaliste, protecteur plutôt que sur un entraîneur bien décidé à promouvoir sa propre image.

CHAPITRE 6

Le businessman

Cristiano Ronaldo a plusieurs facettes : le footballeur évidemment, mais aussi le businessman. La marque Cristiano Ronaldo fait vendre. Son parcours extra-sportif, très « marketé », peut faire penser à celui de David Beckham, l'icône de la mode sportswear, très tendance, légèrement dandy, l'égérie d'Armani passée également par Manchester United et le Real Madrid.

De grandes marques en quête de stars

Grâce à la célébrité, Cristiano Ronaldo est entré dans un nouveau monde : un environnement surfait ou l'argent fait office de référent central. L'international portugais accumule les sponsors les uns après les autres depuis plusieurs années. Par exemple, Nike a renouvelé en 2009 le contrat de l'attaquant du Real. Le montant selon *Marca*, le quotidien sportif espagnol : 6 millions d'euros, permettant au Portugais de devenir le footballeur le mieux payé de la marque. Nike avait surtout une crainte, qu'Adidas, sponsor du Real Madrid, ne récupère son protégé. On ne compte plus les marques sous contrat avec Ronaldo.

Tout y passe : de Nike à Coca jusqu'à Jacob & Co, les montres de luxe... Sans oublier la compagnie aérienne Emirates, Herbalife, société spécialisée dans le domaine de la nutrition, Konami, Samsung, Castrol, et puis le meilleur pour la fin : Dolce & Gabbana et Armani, marques pour lesquelles Cristiano est ambassadeur. Il a même sa propre marque de produits dérivés, une ligne de sous-vêtements (CR7 Underwear) et une marque de chemises (CR7 shirts).

En 2014, selon une étude de Daniel Sá, professeur dans une grande école de marketing portugaise, la valeur de la marque Cristiano Ronaldo atteindrait la rondelette somme de 43 millions d'euros si l'on s'appuie sur six critères différents : revenus, valeur médiatique, Web, palmarès, réseaux sociaux et impact en tant que célébrité. Mais l'étude révèle également autre chose et se projette dans le temps : lors des prochains mois, la marque devrait engranger entre 5 et 7 millions d'euros supplémentaires et atteindre les 50 millions. Diverses enquêtes ont été effectuées sur d'autres critères. Pour la multinationale suédoise Cision, la valeur du potentiel médiatique de l'attaquant portugais online serait de 185 millions d'euros. Et sur quoi se base cette étude ? Sur l'analyse de 8 000 sites d'information dans le monde entier. Sur 753 228 contenus analysés, 344 054 parlaient de Cristiano Ronaldo.

Et ses rivaux ? 158 millions pour Lionel Messi et 58 en faveur de Franck Ribéry. Des chiffres qui ne veulent pas dire grand-chose tant qu'ils ne se matérialisent pas en contrat, mais qui donnent une idée du potentiel marketing. Pour Christophe Chenut, ancien directeur général du groupe Lacoste, « Cristiano Ronaldo, comme Ibrahimovic d'ailleurs, est à part, hautain, arrogant, sûr de lui. On l'aime pour ça, il n'est pas lisse. Il est très vendeur, les femmes sont folles de lui, ses nombreux contrats publicitaires témoignent de son potentiel commercial et il connaît sa valeur sportive. Les marques qui travaillent avec lui sont souvent dans la séduction, tournées vers les femmes, mais aussi les hommes ou les jeunes. Il peut viser large. Il maîtrise bien son image, et la gère très bien à mon avis* ». Laurent Lipari, directeur de l'agence de marketing sportif United Players, nuance un peu les choses : « Son image est mitigée. Son talent indéniable, mais son attitude parfois arrogante sur un terrain peut en irriter certains, notamment ceux qui ne sont pas supporters des équipes dans lesquelles il joue. Devrait-il se rendre un peu plus lisse à l'image d'un Messi, histoire d'adoucir sa réputation ? C'est trop tard. Mais son grand professionnalisme reconnu par le monde du football prend finalement le dessus sur son caractère arrogant et tempère ce trait de personnalité qui au début de sa carrière cristallisait les critiques*. » Dans tous les cas, Cristiano Ronaldo fait tourner sa petite boutique, bien épaulé comme toujours par son agent Jorge Mendes.

Mais selon Nicolas Vilas, Ronaldo n'oublie pas de redistribuer ses gains : « Il gagne beaucoup d'argent et sait le gérer. Il a investi dans de nombreux domaines, aide énormément ses proches, mais aussi beaucoup d'associations caritatives. Il a grandi dans une famille modeste et il ne l'a pas oublié. CR7 est une marque qui, comme tout, se monnaie. L'inverse serait dépréciatif. Il sait se faire plaisir et faire plaisir*. » Est-il obsédé par l'argent ? « Obsédé », le mot est peut-être un peu fort, mais qu'il veuille en gagner toujours plus et être reconnu à sa juste valeur, oui assurément. Selon le quotidien portugais, *Correio da Manhã* du 5 février 2015, sa fortune s'élèverait à 150 millions d'euros : 5 millions en voitures, un avion privé et cinq biens immobiliers notamment, sans oublier pour ses jambes une assurance à 103 millions d'euros ! Pour l'enfant de Madère, ayant grandi dans une famille modeste, la réussite se mesure aussi directement dans le porte-monnaie.

Gareth Bale à Madrid et les coulisses d'un prix revu à la baisse

Il est uniquement question d'ego, et d'ego avec un grand E. Été 2013 : Florentino Pérez, le président du Real, cherche à apaiser le climat délétère autour du club madrilène après le départ de Mourinho. Et comment va-t-il s'y prendre ? En faisant signer le successeur de Ronaldo, le joueur capable de prendre la relève le jour où le Portugais quitterait Madrid. Gareth Bale, vingt-cinq ans, le milieu offensif de Tottenham est un joueur exceptionnel. Mais une chose titille la fierté de l'attaquant madrilène. En coulisses, Ronaldo ne veut pas voir son record être battu : le Portugais demeure officiellement, à ce jour, le joueur le plus cher de l'histoire transféré en 2009, 94 millions d'euros de Manchester à Madrid.

Daniel Levy, le président du club londonien, fixe d'entrée ses exigences pour la vente de son petit bijou : pas à moins de 100 millions d'euros ! Pour Jean-Marie Goussard, « ce sont les dirigeants de Tottenham qui ont évoqué ce chiffre de 100 millions. Mais clairement, le Real a communiqué sur un chiffre légèrement inférieur au transfert de Ronaldo probablement pour ménager sa susceptibilité. Le Portugais a toujours attaché une importance disproportionnée aux symboles : il n'est pas insensible au fait d'être le footballeur le mieux payé du monde [il touche en tout cas le plus gros salaire] et veut aussi que son transfert reste le plus cher de l'histoire* ». Pour Jeremy Wilson, journaliste sportif anglais travaillant au *Telegraph*, « le transfert de Bale a été signé à 100 millions. Il était hors de question que le président des Spurs le vende en dessous de cette somme. À l'origine, Daniel Levy voulait le vendre 120 millions ou un peu moins et inclure des joueurs du Real dans le deal, mais à l'arrivée, l'affaire s'est faite à 100 millions* ». Le montant communiqué par le Real sur sa chaîne de télé officielle – 91 millions d'euros – fait un heureux dans l'histoire, un homme qui peut continuer de se targuer d'être le joueur le plus cher de l'histoire. Ronaldo ne conçoit pas une seconde d'être relégué dans l'ombre de qui que ce soit, de Bale, Eto'o, Ibrahimovic ou Agüero. Question d'ego.

CR7, une marque à faire fructifier

Une photo de quinze mètres de haut de Cristiano Ronaldo, rien que ça, affichée dans la galerie des Glaces de la mairie de Madrid... Ronaldo vêtu d'un simple boxer, afin de promouvoir sa ligne de sous-vêtements. L'international portugais, habillé cette fois-ci, est venu présenter sa marque, CR7, alias Cristiano Ronaldo et son numéro 7 fétiche. Un boxer sponsorisé par le styliste italien Emporio Armani, caricatural du play-boy dans toute sa splendeur. Un boxer, ce petit bout de tissu évidemment en référence à un autre footballeur qui prend soin de son corps : David Beckham. Ronaldo et Beckham, deux hommes qui ont l'un et l'autre lancé leur marque de sous-vêtements. Successeur de l'Anglais à Manchester United puis au Real, le Portugais aurait-il copié ou simplement été influencé par le Britannique ? « Je ne copie personne, lâche le Portugais dans une interview au magazine *Sport & Style*. J'ai mon propre style et cela reste une pure coïncidence. » Certes, mais les observateurs auront également remarqué que l'attaquant du Real Madrid a succédé à Beckham comme égérie du styliste italien Emporio Armani. « Cristiano Ronaldo a un tel ego que, pour lui, il ne marche sur les plates-bandes de personne », explique Gilles Bertoni, président de Bertoni & Co, structure de conseil marketing. Un duel entre les deux mastodontes du milieu qui a des prolongements sur les réseaux sociaux et ce petit jeu, CR7, est désormais loin devant avec plus de 107 millions de fans Facebook (10 fois la population du Portugal) et la personnalité la plus suivie devant Shakira.

Une popularité qui a conduit la vedette du Real Madrid à lancer son propre réseau social, Viva Ronaldo. Le Portugais y raconte des choses passionnantes : qu'il adore les voitures, qu'il a une Bentley, deux Ferrari, des Audi, Porsche, Maserati, Lamborghini et quelques autres... Qu'il fait toujours attention à la manière dont il s'habille, qu'il aime se faire prendre en photo avec sa boucle de ceinture CR7 sertie de diamants... Joaquín Torres, l'architecte barcelonais qui a aménagé l'intérieur de la maison du Madrilène avec un petit chèque à la clé (4,9 millions d'euros), ne s'est pourtant pas privé de le tacler en novembre 2013 dans *So Foot* : « Cristiano est plein de clichés de mauvais goût. Il voulait un aquarium géant, une photo de lui nu et un piano à queue alors qu'il ne sait pas en jouer. Il a aussi insisté pour que l'on installe des miroirs sur le plafond de sa chambre. Il n'est pas différent des autres footballeurs. » Le monde merveilleux et très glamour de Cristiano Ronaldo. Le Portugais a compris les codes de la mode, un style de vie qui le pousse à s'exposer en vacances à Miami, dans des lieux très tendance. Et son arrogance lui permet de valider son style, sa marque, sa différence. Pour Luís Aguilar, auteur de plusieurs ouvrages sportifs au Portugal, « la marque CR7 est synonyme de succès. C'est évident que sa marque est rentable. Toutes les publicités dans lesquelles il joue sont de vrais succès commerciaux. C'est le cas de Novo Banco, une banque qui ne renouvellerait pas constamment son contrat avec Cristiano Ronaldo si ça ne lui rapportait pas de nouveaux clients et de nouveaux investisseurs. Cependant, avec la crise, toutes les marques souffrent. Je ne sais pas quel est l'impact de ses marques. Je pense qu'elles font surtout partie d'une stratégie de marketing général* ». Certaines boutiques CR7 ont fermé au Portugal à cause de la crise. Régis Dupont, lui, décrypte la stratégie globale de l'ancien joueur du Sporting : « Il a assez d'argent pour couler des jours heureux quand il sera à la retraite. Je pense qu'au début ça ne marchait pas bien, notamment à Madère, mais il paraît que ça fonctionne un peu mieux. Moi, je trouve ça intéressant : "Je crée une marque CR7." C'est le premier à avoir créé sa marque. D'ailleurs, c'est assez précurseur, ce côté CR7. Tout le monde sait aujourd'hui qui est CR7, c'est incroyable. Ce sera le premier joueur que l'on connaîtra pour son sigle* ! »

Un musée à vingt-neuf ans !

Il a encore de belles années footballistiques devant lui, la retraite est encore lointaine, mais possède déjà son propre musée : un édifice de 440 mètres carrés qui a nécessité un investissement de 1,5 million d'euros. « J'ai voulu faire un musée pour mes fans, un endroit où ils pourront admirer les trophées que j'ai obtenus au long de onze années de carrière professionnelle », a déclaré Ronaldo en décembre 2013 lors de l'inauguration à Funchal. Que pourra-t-on y retrouver ? Ses Ballons d'or, ses nombreux trophées, des ballons, photos et maillots. Une initiative évidemment saluée par Alberto João Jardim, ex-président du gouvernement de l'archipel, et qui a eu un prolongement encore plus prestigieux : une statue de 3,40 m à son effigie sur son île natale, à Madère, et aux formes généreuses à hauteur de l'entrejambe du Portugais. Son prix publié par le journal *Correio da Manhã* : 600 000 euros payés par la famille Ronaldo. CR7 est le VRP rêvé pour Madère. Une idole absolue qui est devenue le 20 novembre 2014 sponsor de l'União Madeira, évoluant en D2 portugaise, son nom s'affichant en grand sur les maillots de l'équipe insulaire. Sur l'îlot voisin de Porto Santo, il a projeté de construire un resort de luxe dont la construction devrait coûter entre 50 et 70 millions d'euros. Un édifice de plus à son patrimoine qui englobe maisons, villas, discothèques… Il a aussi investi dans une start-up portugaise. Enfin, une boutique en ligne a ouvert sur le site du musée CR7 afin de distribuer des produits Ronaldo avec un message de l'enfant du pays : « Pour ceux qui ne peuvent pas aller à Madère, il y a maintenant un magasin online. Profitez-en. » Cristiano Ronaldo, toujours là pour vous servir. Un vrai businessman.

La communication oui, mais plutôt sur les réseaux sociaux…

Ronaldo pense à tout et s'exprime tout le temps, surtout sur les réseaux sociaux : un petit message par jour sur Facebook, des tweets réguliers sans oublier Viva Ronaldo, son propre réseau social. Tout a été pensé pour faire suivre son quotidien régulièrement. Il existe aussi une application permettant de regarder les matchs de « CR7 » en direct et de participer à des concours pour décrocher des maillots signés ou des billets pour un match de l'enfant du pays. Sa grande force : utiliser les outils modernes de communication. Mais quelles sont ses relations avec les médias portugais ? Communique-t-il vis-à-vis de la presse classique ? Très peu. Nuno Farinha resitue le débat : « Sur les réseaux sociaux, Cristiano Ronaldo a été l'un des premiers joueurs à comprendre l'importance que cela pouvait avoir. D'ailleurs, il est exemplaire sur les informations qu'il veut faire passer à ses fans. C'est du commercial tout simplement. Il est très intelligent et professionnel dans sa façon de communiquer. Concernant la relation entre les médias portugais et Cristiano Ronaldo, je pense qu'elle pourrait être meilleure. Si l'on regarde bien, Cristiano n'a pas trop à se plaindre de la presse portugaise, je dirais même qu'il n'a pas du tout à s'en plaindre. Il est traité de manière très sympathique. En revanche, de son côté, il n'y a pas de reconnaissance. Cristiano Ronaldo devrait comprendre que la presse portugaise lui a beaucoup donné alors que lui ne nous a pas donné grand-chose en retour. Je ne parle même pas d'interviews exclusives, mais plutôt d'une forme d'attention qu'il pourrait porter à la presse portugaise à certains moments. Cristiano Ronaldo est une marque portugaise dans le monde et je peux comprendre que ses intérêts ne se concentrent plus uniquement sur le Portugal, mais je pense qu'il pourrait donner un peu plus de son temps à la presse locale, qui retranscrit son travail dans son pays*. » Un autre journaliste portugais, Eduardo Gonçalves, n'est pas forcément d'accord. « Notre radio avait retransmis le match Suède-Portugal [barrages retour pour la Coupe du monde 2014] et nos commentaires sur les trois buts de Ronaldo où l'on hurle notre joie ont fait le tour du monde grâce à lui. En fait, il a écouté le montage que nous avions effectué et que l'on avait posté sur YouTube. Cristiano a pris sa douche après le match, s'est exprimé devant la presse, et ensuite des joueurs de la sélection lui ont parlé de notre montage. Comme il est très curieux, il est allé écouter notre medley et il l'a posté sur son compte Facebook. On a eu environ cinq millions de vues* ! » Sur le plan humain, quel type de relations Ronaldo entretient-il avec la presse ? La réponse de Sergio Fernández : « J'ai une relation cordiale avec lui, mais je pense qu'il ne sera jamais ami avec un journaliste. Je l'ai eu en interview exclusive plusieurs fois pour *Marca*. C'est un grand professionnel. Mais si le match ne se passe pas bien, il ne vous parle pas. En fait, il est plus attiré par la publicité que par les médias. » Mais Ronaldo peut vous rendre service de temps à autre : « Un jour, il m'a vraiment surpris humainement. J'étais en poste depuis peu et on m'a demandé d'aller l'interviewer aux Pays-Bas, à Amsterdam, dans un hôpital. On l'a cherché, on l'a trouvé. On l'a suivi en voiture jusqu'à l'aéroport où il nous a donné une interview et on a pris des photos. Manque de chance, les photos étaient mauvaises, floues. Je lui ai couru après et lui ai expliqué la situation. Eh bien, il a accepté de revenir et de refaire les photos. En interview, il est très sympathique, limite charmeur* », ajoute le journaliste espagnol. Sur le plan médiatique, en Angleterre, Ronaldo avait été attaqué par certains tabloïds concernant sa vie privée... D'ailleurs, la dernière information intime livrée par *The Independent* en décembre 2014 concerne la maison de Ronaldo à Manchester, louée désormais 9 000 euros par mois par Luke Shaw, le successeur de Patrice Evra au poste de latéral gauche à United. La Grande-Bretagne où l'outrance est de mise. Elle est même recommandée. Cela fait partie du jeu, et le Portugais le sait. Au Royaume-Uni, l'attaquant de Manchester n'a pas été plus maltraité que d'autres. Et comment répond-il quand il se sent agressé ? Toujours de manière intelligente sans agressivité. Un vrai bon communicant.

Ronaldo au naturel

Avec le recul, l'histoire peut paraître amusante ou légère, ou à l'inverse faire également un peu peur. Comme le rapporte le quotidien brésilien *Globo*, un jeune supporter de quinze ans est parvenu à déjouer le service de sécurité autour de l'équipe du Portugal dans son hôtel à Brasilia lors de la dernière Coupe du monde. À l'aide d'une échelle, le jeune fan de CR7 est entré dans le bâtiment, a trouvé la chambre de l'attaquant du Real Madrid et s'est couché sur son lit avant de tomber nez à nez avec le Portugais. Plutôt que de le blâmer ou d'appeler la sécurité, le Ballon d'or a eu une réaction de gentleman, lui laissant le droit de prendre une photo ensemble avant de lui demander de s'en aller sans prévenir la police. Un Mondial agité qui a également poussé les forces de sécurité à intervenir quand une supportrice un peu trop enthousiaste s'est brièvement élancée dans une ambiance survoltée vers son idole le 12 juin 2014 sur la pelouse du camp d'entraînement du Portugal à Campinas. Imaginez la déferlante s'il avait été champion du monde... Enfin, début 2015, le triple Ballon d'or est passé inaperçu au milieu d'une place bondée de monde en plein centre de Madrid. Se faisant passer pour un mendiant, habillé d'un jogging le grossissant, de lunettes de soleil et d'une fausse barbe, il s'est mis à exécuter quelques dribbles et arabesques avec un ballon sur la plaza del Callao. L'enfant à qui il a dévoilé son vrai visage n'en est toujours pas revenu ! Cristiano Ronaldo, et si on ne le préférait pas au naturel ?...

Ronaldo et la cause palestinienne

L'attaquant vedette du Real Madrid fait toujours très attention à son image, mais il a aussi l'envie d'aider les plus démunis dans le monde et de se montrer généreux. Fin 2012, le Portugais, sensible à la question palestinienne, a décidé de faire un don de 1,5 million d'euros aux enfants de Gaza et de mettre également aux enchères son Soulier d'or 2011 (trophée du meilleur buteur européen) afin de reverser l'argent aux enfants palestiniens. Un an plus tôt, Ronaldo avait déjà vendu la plupart de ses chaussures de sport lors d'une vente aux enchères Fondation Real Madrid, qui a également été consacrée à la collecte de fonds pour les écoles dans la bande de Gaza. Le Portugais avait été en visite en Palestine en mai 2005, pris en photo avec le célèbre chèche d'Arafat. Ronaldo pro-palestinien, oui. Anti-israélien, pas forcément. Et afin de faire la lumière sur cette affaire, le témoignage de l'international israélien, Maor Melikson, ancien joueur de Valenciennes, qui a affronté Ronaldo lors d'Israël-Portugal, le 22 mars 2013, en éliminatoires de la Coupe du monde 2014 prend tout son relief. « Je ne sais pas pourquoi il soutient la cause palestinienne. En tant que juif, ça heurte, ça fait mal. Vous savez, nous n'avons qu'un pays et il est tout petit, alors que les musulmans ont beaucoup de pays dans le monde. De toute façon, moi, je pense que football et politique ne font pas bon ménage. » Et comment s'était passé le match ? Avait-il senti une animosité particulière de la part de Ronaldo ? « À la fin du match, personne ne lui a demandé son maillot. On était très déçus d'avoir fait 3 partout alors que l'on menait 3 buts à 1, mais personne n'a été le voir pour échanger quoi que ce soit. Dans le vestiaire, il a échangé son maillot avec mon coéquipier Yossi Benayoun. Lors du match retour, au Portugal, il a donné son maillot au manager de l'équipe d'Israël*. » Ronaldo, le généreux, veut tout simplement aider des enfants un peu partout dans le monde sans chercher à aller au-delà, ni transmettre de message particulier.

D'ailleurs a-t-il envie de faire carrière en politique ? Fernão Sousa, son parrain, « pense que Ronaldo sera toujours lié au football. Il aime tellement ça... Il ne sera jamais entraîneur, mais je le vois bien en ambassadeur du football ». Ronaldo l'ambassadeur, cela sonne parfaitement pour la personnalité sportive de l'année 2014, sacrée par la BBC. Un homme qui s'est construit sportivement petit à petit, mais également en termes de communication dans un monde dominé par l'image. Tout ce qu'il fait se sait automatiquement. Une maîtrise parfaite des codes marketing du moment, toute une équipe exclusivement dédiée à sa communication et des performances exceptionnelles sur le terrain, l'équation fonctionne à merveille.

CHAPITRE 7

La Ligue 1 et ses nouveaux milliardaires

Le pacte de non-agression

Depuis le 13 janvier 2014, Cristiano Ronaldo est redevenu Ballon d'or, le joueur idéal pour un club aux ambitions démesurées et aux moyens illimités. Et en France, le Paris Saint-Germain et l'AS Monaco comptent bien profiter de la moindre ouverture pour acheter l'un des deux meilleurs joueurs du monde. Mais se présentera-t-elle ? Aujourd'hui, très peu de clubs sont prêts à débourser des sommes astronomiques en transferts et salaires. La piste la plus concrète mène au PSG, mais les raisons d'y croire sont de plus en plus minces.

Petit retour en arrière. En août 2012, à Monaco, Jorge Mendes, l'agent de Cristiano Ronaldo, et Nasser Al-Khelaïfi, président du Paris Saint-Germain, se retrouvent en marge du tirage au sort de la phase de poule de Ligue des champions. Leonardo, le directeur sportif du PSG, n'est pas présent, car Mendes et le Brésilien ne s'apprécient pas. Selon nos informations, des discussions sont entamées et le président parisien est prêt à débourser une somme allant au-delà des 100 millions d'euros pour acheter l'attaquant du Real. La proposition est très claire : un salaire de 18 millions nets par an… 1,5 million d'euros par mois, soit près de 50 000 euros par jour. Les Qataris auraient même proposé une prime à la signature de 60 millions à Ronaldo qui se serait renseigné auprès de certains proches concernant Paris. « Jouer en France ne m'aurait pas empêché de dormir. » À ce prix-là, il y a même de quoi faire de beaux rêves. 60 millions de prime : une somme tout simplement astronomique. Un grand agent français nous aide à décrypter : « Que le PSG ait eu la volonté de l'acheter à l'été 2013, j'en suis certain. Je ne pense pas que les dirigeants parisiens aient été jusqu'à l'offre. Ils ont fait connaître leurs intentions auprès du Real et de Ronaldo : "Sachez que l'on est intéressés." Mais le Real n'était pas vendeur. Ayant conscience que Mourinho partait, Ronaldo n'avait plus de raison de quitter le Real. »

En attendant, le 8 décembre 2013, dans un entretien accordé à « Téléfoot », Leonardo a confirmé que la piste Ronaldo à Paris avait effectivement été étudiée. « On n'a pas tout fait pour le faire venir, mais on y a pensé, précise le Brésilien. Néanmoins, c'était impossible, car il fait partie du Real Madrid. C'est la vérité. On n'a jamais fait de propositions écrites, on n'a pas insisté parce qu'on savait que c'était impossible. » À l'été 2012, une proposition en forme de prise de contact est émise. Pendant la saison 2012-2013, Nasser tâte le terrain à plusieurs reprises, mais à l'été 2013, Cristiano Ronaldo prolonge au Real Madrid et aucune offre concrète du club parisien n'est faite au Real. Que s'est-il passé ? En coulisse, Jorge Mendes s'est-il servi des contacts avec le PSG pour obtenir une revalorisation salariale de la part des Madrilènes ? Selon des personnes avisées du dossier, Mendes trouvait qu'il y avait une trop grande différence entre le salaire de Messi et celui de Ronaldo, et a demandé à Madrid de s'aligner sur le petit Argentin du Barça. Mais le club espagnol a quand même dû avoir peur de perdre son meil- leur joueur et a finalement accédé à la demande de Ronaldo pendant l'été 2013 : 18 millions d'euros net par an jusqu'en 2018 ! Deux raisons peuvent expliquer l'absence de proposition parisienne. Tout d'abord le fair-play financier, un frein aux dépenses à tout-va et qui oblige les clubs les plus riches à équilibrer leurs comptes. Au cours de l'été 2013, le PSG avait dépensé 100 millions d'euros en achetant Edinson Cavani, Marquinhos et Lucas Digne. Et si Ronaldo avait signé dans la capitale, le PSG n'aurait plus du tout été dans les clous fixés par Michel Platini et l'UEFA. Autre raison, le transfert de Carlo Ancelotti, l'entraîneur du Paris Saint-Germain au Real Madrid, qui n'a guère été du goût des dirigeants parisiens. En fait, à la suite du départ du technicien italien en Espagne, les deux clubs se seraient mis d'accord sur un pacte de non-agression au niveau des joueurs. Si le PSG avait véritablement cherché à faire signer Cristiano Ronaldo, le Real aurait répondu en visant Marco Verratti et Blaise Matuidi, deux pièces maîtresses du système de jeu parisien.

« Vous ne touchez pas à nos joueurs. Vous ne faites pas d'offre et on vous laisse tranquilles concernant Ronaldo », aurait été le message des dirigeants parisiens à leurs homologues madrilènes.

Jorge Mendes, le fin négociateur

Et si, dans cette histoire, l'agent de Cristiano Ronaldo avait tout simplement joué la carte de l'intox ? Et obtenu ce qu'il voulait en mettant la pression sur Florentino Pérez, le président du Real ? Toujours aux aguets pour Cristiano Ronaldo, son petit protégé, Jorge Mendes n'est pas un homme que l'on prend au dépourvu. Alors, quand l'attaquant du Real se sent « triste » comme il l'a déclaré, le 2 septembre 2012, après un match face à Getafe, que le Real gagnera 3-0 avec un doublé du Portugais, l'agent confident utilisera pleinement le spleen de son joueur. Mais au fait, pour quelles raisons Ronaldo se sent-il triste à ce point ? Une question d'argent, de gros sous évidemment. Le Portugais veut gagner plus et fera tout pour que le Real prolonge son contrat, avec revalorisation salariale. Et pour faire monter les enchères, il faut trouver des solutions de repli... Paris et Manchester United feront bien l'affaire pour un Ronaldo mécontent de sa condition à Madrid et qui ne s'entend pas forcément très bien avec Florentino Pérez, le président madrilène qui voulait casser le précontrat signé par le Portugais avec son prédécesseur en 2008. Sans l'insistance du directeur sportif madrilène, Jorge Valdano, et de José Ángel Sánchez, le directeur général, Ronaldo n'aurait jamais signé au Real. L'ancien du Sporting sait tout cela, et avec Florentino Pérez, sa relation est des plus mauvaises, voire carrément inexistante. D'ailleurs, le président Pérez ne se gênera pas pour essayer de trouver une solution face à la pression du Portugais. Il tentera d'arracher Neymar à Barcelone en proposant 150 millions d'euros à Santos, son club formateur, et réussira à acheter Gareth Bale, milieu offensif de Tottenham, 91 millions d'euros à l'été 2013. Il lâchera même dans *So Foot,* en novembre 2013 : « Ronaldo ? Il pouvait “se barrer” à condition qu'il rapporte au club de quoi se payer Messi. » Mais on ne remplace pas Ronaldo à coups de gros chèques. Comment Mendes s'y est-il pris pour obtenir ce qu'il voulait ? D'abord, l'agent ne répond plus aux appels du président du Real et joue la montre. Le contrat de son joueur se termine en 2015. Deux options s'offrent à Pérez : renouveler Ronaldo ou le vendre à un club riche ! Mendes tâte le terrain en France, en Russie et en Angleterre en annonçant la vente de Ronaldo pour 150 millions d'euros. Jorge Mendes a des pistes, des candidats intéressés par le rachat du Portugais, notamment le PSG. Des rumeurs partent dans tous les sens, et Florentino Pérez se retrouve contraint de céder aux exigences du clan Mendes-Ronaldo. Ce qui poussera le dirigeant madrilène à accélérer les choses : un rapprochement entre l'attaquant du Real et le FC Barcelone ! Ronaldo au Barça ? Qui peut sérieusement l'imaginer ? Absolument personne, mais Pérez va s'en sortir en faisant de « Cristiano le joueur le mieux payé du monde », comme il l'annonce lors de l'officialisation du nouveau contrat du Portugais. Ronaldo n'a jamais vraiment voulu quitter le Real et s'est servi de différentes pistes pour prolonger jusqu'en 2018 avec un salaire astronomique à la clé. Du grand classique.

L'argent au cœur de toutes les attentions

Aujourd'hui, dans le monde « ultra-friqué » du ballon rond, une course en avant s'est enclenchée. La surenchère des salaires ! Le vrai problème pour le Real Madrid est très simple : quand Cristiano Ronaldo va-t-il se montrer de nouveau mécontent de son gigantesque contrat et demander encore plus ? Très certainement quand Lionel Messi aura été prolongé avec revalorisation. Le salaire évoqué dans les coulisses du club barcelonais : 19 millions d'euros par an pour l'Argentin, ce qui le positionnerait devant Cristiano Ronaldo. Pour l'attaquant portugais, meilleur joueur rime avec joueur le mieux payé au monde, et son récent Ballon d'or va forcément faire encore un peu plus gonfler un ego déjà bien démesuré. Ses caprices pourraient laisser allègrement la porte ouverte à des rumeurs de départ du Real. Nuno Farinha ne serait « pas surpris par un départ du Portugais vers Paris. Cependant, je pense que la relation entre Cristiano Ronaldo et Madrid est presque parfaite. Grâce au Ballon d'or, et au fait que Cristiano soit de nouveau le numéro 1, je me demande si le Real Madrid n'a pas une marge pour réactualiser son contrat et l'augmenter encore un peu plus. Si, en revanche, le Real ne fait pas, à nouveau, un effort financier, Cristiano Ronaldo, qui est insatiable sur son statut et sa condition de numéro 1, serait peut-être tenté par le challenge d'un club qui lui offrirait de meilleures conditions financières. Tout est dans les mains du Real Madrid* ». À trente ans, Cristiano Ronaldo n'aura plus beaucoup d'occasions de faire fructifier son talent, et pour Robert Pirès, tout est question de volonté : « Aujourd'hui, les deux sont importants, l'aspect sportif et financier, tout le monde le sait, et tout le monde ferait la même chose. Ensuite, ça dépend de Cristiano Ronaldo, de quoi a-t-il envie ? S'il gagne un nouveau trophée avec Madrid, je ne serais pas étonné qu'il décide de prendre la direction d'un autre pays. Et c'est sûr qu'aujourd'hui Paris a les moyens de se l'offrir. En fait, ça dépend du joueur. Est-ce qu'il a envie de tenter autre chose ? Est-ce qu'il a envie de partir ? Est-ce que le championnat français l'intéresse* ? » En janvier 2014, Nasser Al-Khelaïfi déclarait au journal *L'Équipe* que rien n'était impossible : « Tous les joueurs dont nous rêvons sont déjà au PSG. Ronaldo est un immense joueur, que nous respectons beaucoup. Mais il est sous contrat avec le Real Madrid, que je respecte également. Le jour où je voudrai vraiment un joueur du Real, croyez-moi, je saurai en parler directement à Florentino Pérez. Pour l'instant, ce n'est pas le cas. » Jusqu'à quand le président du Paris Saint-Germain attendra-t-il ? Pour Régis Dupont, « il veut être le meilleur, donc le mieux payé. Messi, c'est pareil, si un jour il se rend compte que Neymar gagne deux centimes d'euro de plus que lui, il va aller réclamer une augmentation de cinq centimes. C'est normal d'ailleurs. Messi est le meilleur à Barcelone, Ronaldo au Real, ils veulent être les mieux payés. L'argent, ce n'est que la conséquence. Évidemment qu'ils aiment l'argent, comme tout le monde* ». Le Paris Saint-Germain a en tout cas les moyens de le faire venir, tant sur le plan du transfert que sur le plan du salaire. Selon Nuno Farinha, « dans le football d'aujourd'hui, peu de choses nous surprennent et, surtout, le pouvoir économique vient d'un peu partout. On voit des personnes qui n'avaient rien en commun avec le monde du football et qui pourtant s'offrent les plus grands clubs européens.

Du coup, on voit des choses qui nous paraissaient impossibles. Moi, je n'aurais jamais imaginé Zlatan Ibrahimovic signer au Paris Saint-Germain ! ».

Le Real Madrid, un gouffre financier

Le Real, un club au déficit exceptionnel, endetté à hauteur de 590 millions d'euros en 2012. Comment, dans ces conditions, conserver le meilleur joueur du monde, qui plus est avec un projet de nouveau stade gigantesque ? C'est impossible. Et pour financer sa nouvelle enceinte, Madrid sera peut-être obligé de vendre Ronaldo. Un transfert à plus de 100 millions d'euros serait une aubaine pour le club madrilène. Peut-il même simplement s'en passer ? Il y a un an, le Real a présenté son projet pour un tout nouveau stade. Son prix : 400 millions d'euros ! Un départ de Cristiano Ronaldo, sans compter les économies réalisées liées au plus gros salaire du club (18 millions d'euros par an), permettrait de respirer un peu mieux, et puis le remplaçant de l'attaquant portugais, Gareth Bale, est déjà à Madrid. Paradoxalement, malgré l'arrivée du Gallois, Régis Dupont pense, lui, que « le Real sera capable de faire l'effort pour le joueur le plus important du club. Tant qu'il sent qu'il est le numéro 1 à Madrid, et leader incontesté, et tant que le Real a une équipe qui peut gagner la Liga et la Ligue des champions, le PSG aura du mal ». Le journaliste de *L'Équipe* va même plus loin :

le Paris Saint-Germain a laissé passer l'occasion de le faire signer à... l'été 2013 : « Il y a deux ans, il aurait été plus intéressé. Aujourd'hui, il est ultra-reconnu dans ce club où il est quand même très dur de s'imposer. Il n'y en a pas beaucoup au Real Madrid qui sont devenus des stars. Tant qu'il aura ce statut-là, je ne crois pas qu'il signe au PSG ».

Aux dernières nouvelles, Nasser Al-Khelaïfi préparerait activement l'après-Zlatan (en fin de contrat en 2016) et rêve d'un joueur capable d'incarner le projet du club, un élément à la réputation planétaire et très forte auprès des jeunes via les réseaux sociaux. Ronaldo, Messi ou Neymar ? Le Brésilien, qui a passé quelques jours à Doha début 2015, a le profil idéal. Pour parvenir à ses fins, le bras droit de l'émir Al-Thani utilisera tous ses réseaux. En contact avec l'entourage proche de Lionel Messi, dont le départ de Barcelone apparaît de plus en plus envisageable au fil des mois, le petit Argentin pourrait servir les envies de grandeur qataries. Mais depuis quelques mois, les relations entre le PSG et le club catalan se sont un peu tendues, des dirigeants parisiens agacés par les approches agressives du Barça concernant deux défenseurs du Paris Saint-Germain, les Brésiliens Thiago Silva et Marquinhos. Reste le cas Ronaldo... Une certitude : aujourd'hui, Madrid n'est pas vendeur. Et depuis la victoire de Ronaldo en Ligue des champions en mai 2014, la « décima », la dixième C1 remportée par le Real d'Ancelotti face à l'Atletico, son départ paraît inenvisageable actuellement, tant pour ce qu'il représente sportivement qu'en termes de merchandising. En revanche, selon Arnaud Hermant, journaliste du *Parisien* qui a étudié la question de très près, une ouverture pourrait voir le jour en 2016. Al-Khelaïfi entretient de très bons rapports avec Pérez, le président madrilène, et surtout avec Jorge Mendes, que le Qatari a invité lors du dernier tournoi de tennis disputé à Doha. Et pour recruter le triple Ballon d'or, le patron du Paris Saint-Germain a tout prévu. Depuis le départ de Leonardo, Paris n'a plus de directeur sportif et pour remplacer le Brésilien, le PSG serait prêt à débaucher Luis Campos, directeur sportif de l'AS Monaco, Portugais de quarante-neuf ans et proche de... Mendes ! Un atout non négligeable afin de faire signer Ronaldo ou... Mourinho. Pour rêver encore plus grand, le club de la capitale ne laisse aucun détail au hasard et sortira un très gros chèque si l'opportunité se présente et si le fair-play financier lui en laisse l'occasion. Un prix si Cristiano Ronaldo venait à partir ? 400 millions d'euros selon Jorge Mendes ! Plus objectivement 150 millions ou une formule incluant d'autres joueurs dans la balance.

Monaco *by* Mendes

Un club qui pourrait dépenser plus de 100 millions d'euros et offrir un énorme salaire à Ronaldo... Net d'impôts ! Cristiano à Monaco, l'histoire serait belle pour Jorge Mendes, l'agent estampillé ASM avec ses six représentants, six joueurs en Principauté : João Moutinho, Ricardo Carvalho, Fabinho, Wallace, Bernardo Silva et Elderson... Une vraie « colonie Mendes » sur la Côte d'Azur. Sans oublier un autre aspect plus glamour, Monte-Carlo, son Grand Prix, ses milliardaires et son image très people. L'ASM représente-t-il une alternative pour Ronaldo ? Une piste évidemment liée aux bonnes relations entre Mendes et le club azuréen. Le président russe de Monaco, le milliardaire Dmitry Rybolovlev, est d'ailleurs un ami de longue date de Jorge Mendes, qui ne s'entoure que de grosses fortunes... Le Russe demande assez souvent conseil à l'agent superstar pour ses futures recrues et notamment celles qui ne sont pas sous contrat avec le Portugais. Le vice-président du club de la Principauté, Vadim Vasilyev, et le Portugais, eux, se connaissent depuis dix ans. Mendes lui a présenté Ronaldo. D'ailleurs, une photo du Ballon d'or avec le dirigeant monégasque figure en bonne place dans le bureau du Russe. Invité de l'émission « Luis Attaque » sur RMC, le vice-président de l'AS Monaco a évoqué le 6 février 2014 une arrivée éventuelle de Cristiano Ronaldo et Lionel Messi en Principauté. La folie des grandeurs. « Dans le football, tout est possible ! Cristiano Ronaldo, je le connais bien. À l'époque, il était en train de négocier sa prolongation et nous étions sur Falcao. On ne peut pas acheter Falcao et Cristiano, il faut être humble. J'aimerais avoir Cristiano, mais on a dépensé beaucoup d'argent et on investira moins à l'avenir. On ne peut pas continuer à ce rythme ; on veut sortir des jeunes de notre centre de formation, l'un des meilleurs de France. » Où comment dire tout et son contraire. Est-ce attractif de jouer en Principauté pour un joueur du calibre de Ronaldo et devant aussi peu de monde au stade Louis-II ? La réponse est toute trouvée. Comme l'a si bien dit Mourinho, le 23 février 2014, dans le « Canal Football Club », concernant Falcao, l'attaquant de Monaco, « les grands joueurs ne peuvent pas jouer devant 3 000 spectateurs » *(rires)*.

Une place en Ligue des champions et une fiscalité attrayante, les arguments ne sont pas nombreux, et un projet qui a en plus rétréci à l'été 2014 avec les départs de James Rodriguez et Falcao. Pour le triple Ballon d'or, la question est encore plus vaste : Ronaldo a-t-il intérêt à signer en L1 ?

CHAPITRE 8

Carlo et Cristiano sur la même longueur d'onde

Pour succéder à Mourinho, Florentino Pérez, le président madrilène, avait besoin d'un pacificateur, un entraîneur capable de gérer ses vedettes, ses individualités avec douceur. Et un Italien va se présenter sur le marché : Carlo Ancelotti, fatigué du management qatari et ayant mal vécu les pressions subies à l'hiver 2012 au PSG lorsque les résultats étaient un peu moins bons, va changer de vestiaire... Pour le plus grand bonheur d'un Ballon d'or.

Une autre conception du football

À son arrivée à Madrid à l'été 2013, Ancelotti va modifier beaucoup de choses, effacer les rancœurs nées de la période Mourinho et offrir un jeu beaucoup plus élégant. Selon Thibaud Leplat[1], « Ancelotti a donné

1. Auteur de biographies de Mourinho et Guardiola (Hugo Sport) et du livre *Ici, c'est Paris* (Solar).

à Ronaldo l'importance qu'il méritait. Le technicien italien apporte beaucoup plus de confiance à ses joueurs et les traite de manière beaucoup plus mûre que José Mourinho». Logiquement, sous Ancelotti, le Portugais va évoluer tactiquement : Ronaldo commence souvent ses matchs à gauche, mais les termine dans l'axe. L'ancien entraîneur de l'AC Milan l'a fait évoluer dans un rôle plus axial. Un Ancelotti très souple sur le plan sportif et donnant plus de liberté à ses joueurs sur le terrain qu'un Mourinho adepte de systèmes en attaque placée et de méthodes autoritaires.

Pour Sergio Fernández, l'un des rares journalistes de *Marca* avec lequel Ronaldo échange de temps à autre, «entre Cristiano et Ancelotti, il y a une relation un peu paternaliste. On peut dire qu'il lui tend souvent la main, qu'il y a des embrassades. La relation avec Mourinho était simplement sportive. Et puis Ancelotti a très bien su gérer l'arrivée de Gareth Bale, un joueur à près de 100 millions d'euros et qui occupait la même position que Cristiano. Il n'a, à aucun moment, lâché Ronaldo pour mettre l'ancien joueur de Tottenham à sa place. Il a réussi à intégrer le Gallois à l'équipe sans mettre en péril la situation du Portugais, qui continue à être le "coq du poulailler". C'est une situation claire que Cristiano apprécie» Comme une évidence...

Ibra et Ronaldo incompatibles ?

Une attaque composée de Ronaldo et Ibrahimovic, comment espérer plus « bankable » ? Un Suédois point de fixation accompagné d'un Portugais prenant la profondeur, tout entraîneur en a rêvé un jour. Mais la question est ailleurs : deux joueurs avec autant d'ego peuvent-ils cohabiter dans un vestiaire? Avec Cavani, Ibra n'a pas de problème car l'Uruguayen n'a pas autant de personnalité.

David Bellion, ancien coéquipier de Cristiano Ronaldo à Manchester United (2003-2006) et attaquant du Red Star en troisième division française, voit, lui, les choses autrement : « S'il venait à Paris, ça ferait un duo de choc avec Zlatan. Des problèmes entre les deux ? Avec deux stars comme ça dans un vestiaire, je suis sûr que ça se passerait bien. Ils seraient satisfaits de marquer chacun leurs buts week-end après week-end. Ils auraient tellement d'opportunités de marquer... La vie d'un grand club est plus agréable que dans certaines équipes qui ne luttent pas pour le haut de tableau. Les guerres d'ego sont beaucoup plus violentes avec des joueurs moyens qui n'ont jamais rien fait et qui se prennent pour d'autres... Dans un grand club, on est dans une histoire où tout le monde est content de sa vie : sportivement, financièrement... Dans des clubs moyens, le joueur se dit : "Et pourquoi je ne joue pas dans un grand club, et pourquoi lui gagne plus que moi…" À Manchester, par exemple, Ferguson a toujours géré son groupe avec psychologie. Sir Alex est un père et un fin psychologue en même temps. L'ego est maîtrisé dans les grandes équipes, car l'entraîneur est capable de gérer son groupe psychologiquement. Il n'y a pas de secret : Mourinho, Wenger, Ferguson savent gérer les crises humaines. Le football, c'est 90 % dans la tête et 10 % dans les jambes. Dans les grands clubs, tout le monde te tire vers le haut*. » Qu'en pense Mino Raiola, l'agent très fantasque d'Ibrahimović? Dans le quotidien sportif madrilène *Marca*, le Néerlandais a déclaré, le 21 février 2015, que des discussions avaient déjà eu lieu par le passé entre le Suédois (déçu du départ d'Ancelotti au Real à l'été 2013) et le club merengue. « Ancelotti le voulait et une réunion était prévue à Madrid, mais elle a été annulée au dernier moment, révèle-t-il. L'ancien entraîneur du PSG voulait le recruter ici, il y a eu un rendez-vous à Madrid mais José Angel Sánchez (membre de la direction du club espagnol) a téléphoné à Nasser Al-Khelaïfi, le président parisien et a tout annulé », finit-il par avouer. Madrid a peut-être réfléchi à l'éventualité de faire venir l'attaquant parisien, mais de là à faire une proposition concrète… Ibrahimović adore être le joueur vedette dans une équipe et au Real il n'aurait été qu'une star de plus. Ibra n'aurait jamais accepté d'être remplaçant. Et puis quel intérêt à acheter un joueur de trente-trois ans, proche de sa fin de carrière ? Parenthèse refermée.

Une soirée qui fait tache

Alors que le Real venait de vivre une défaite historique (4-0) face à son grand rival madrilène, l'Atlético, le 7 février 2015 en championnat, la situation allait prendre une tournure conflictuelle. Une déroute, mais Ronaldo n'en a que faire et décide de maintenir après le match une fête prévue depuis longtemps en l'honneur de son trentième anniversaire... Une soirée qui ne va pas vraiment plaire aux cadres du vestiaire madrilène. Comme l'affirme le programme télévisuel espagnol « Jugones », Sergio Ramos et Iker Casillas, les deux capitaines du Real, mais aussi des groupes de supporters, s'en sont pris au Ballon d'or. Les dirigeants merengues avaient brièvement tenté de convaincre Cristiano Ronaldo de l'annuler, en vain. Dans les arcanes du club, la présence de James Rodriguez, quelques jours à peine après avoir subi une sérieuse blessure, ou celle de Pepe et Marcelo, eux aussi co-capitaines, ne sont pas vraiment passées inaperçues. Luka Modric, présent lui aussi, s'excusera auprès de ses supérieurs. Une soirée plutôt coûteuse, 400 000 euros, selon le quotidien catalan *Mundo Deportivo* ! Une première polémique sous l'ère Ancelotti, mais sans conséquences irrémédiables.

Une fin de carrière à Madrid, Manchester United ou au Sporting ?

Cristiano Ronaldo aime l'argent, les gros contrats, mais reste un grand sentimental. Dans plusieurs interviews, il a souvent avoué qu'il aimerait finir sa carrière dans un club qui l'a marqué : à Manchester ou au Sporting Clube de Portugal. Mais un retour à United ne serait pas forcément une bonne idée. Les seconds passages ont très souvent généré beaucoup d'espoirs, mais également énormément de déceptions. Pour voir Ronaldo quitter le Real, il faudrait tout d'abord qu'il ne s'épanouisse plus à Madrid et avec Ancelotti, il bénéficie d'un statut privilégié dans l'une des meilleures équipes du monde. Autant dire que tout est réuni pour voir l'attaquant du Real rester dans la capitale espagnole encore un bon moment. Mais malgré cette tendance et après en avoir parlé avec des proches du dossier, United aurait fait le forcing à l'été 2013, profitant des problèmes de prolongation de contrat et de revalorisation salariale de Ronaldo à Madrid pour le convaincre de revenir dans le nord de l'Angleterre. Ronaldo aura-t-il envie de retrouver à United pour être entraîné par un autre manager que sir Alex parti à la retraite en 2013 ? Difficile à imaginer malgré l'augmentation des droits télévisuels en Angleterre (à plus de 2 milliards par saison) qui pourrait offrir aux clubs de Premier League un potentiel financier démesuré. Une autre piste, encore plus « romantique ». Le 2 janvier 2014, dans le journal portugais *Record*, Cristiano Ronaldo expliquera que son plus grand regret, « c'est de ne pas avoir été champion du Portugal avec le Sporting ». De quoi alimenter l'espoir des supporters lisboètes concernant une fin de carrière dans son club formateur. Le rêve des supporters du club de la capitale : que Ronaldo termine sa carrière chez les Vert et Blanc. Bruno de Carvalho, le président du Sporting, a d'ailleurs ouvert les portes à un retour du fils prodigue, quoi de plus évident. « On a une grande sympathie pour Cristiano, et si son rêve, c'est de devenir champion avec nous, le Sporting lui ouvrira grand les portes. Il peut revenir quand il le veut et que nous soyons champions ensemble*. » Au Portugal, c'est même devenu une anecdote que l'on raconte à ses collègues. Eduardo Gonçalves est d'ailleurs persuadé que l'enfant de Madère retournera à Lisbonne. « Ah oui, il pourrait revenir au Sporting, mais pour regarder des matchs en tribune... En tant que joueur ? Les supporters peuvent attendre toute leur vie*. » La consécration pour l'attaquant lusitanien serait de finir au Real. « Quand son contrat prendra fin à Madrid, je ne pense pas qu'il signe à Dubai. Il va vouloir être avec sa famille et se reposer. Je pense qu'il va terminer sa carrière au moment opportun, avec la gloire qu'il mérite. Il a eu déjà des opportunités de partir, mais Cristiano aime la compétition permanente et aujourd'hui, je ne crois pas que le championnat français soit très attractif d'un point de vue sportif. Je pense qu'il est en train de devenir l'une des idoles du Real Madrid et je pense qu'il terminera sa carrière en Espagne avec une grande fête d'adieu. Et sincèrement il devrait finir là-bas, car il mérite de terminer dans un grand club européen », conclut le journaliste lusitanien. Robert Pirès, lui, n'est pas aussi catégorique : « Je ne serais pas étonné que Cristiano décide de finir sa carrière au Sporting, là où il a commencé. Sans le Sporting il n'aurait jamais signé à Manchester ! » Lors de récentes interviews, tant Jorge Mendes que Cristiano Ronaldo ont tenté de faire taire les rumeurs, même si cela semble impossible. Lors d'une interview pour le média ABC. es en Espagne, Mendes a affirmé : « Ronaldo veut gagner le plus de titres possibles et parmi eux, bien sûr, la Ligue des champions. Il terminera sa carrière à Madrid, c'est presque sûr. » D'ailleurs, pour Régis Dupont, l'agent confident ne poussera jamais son ami à accepter un contrat dont il n'a pas envie. « C'est son plus gros actif, un joueur comme il n'en aura sans doute plus jamais. Je pense qu'il ne prendra jamais le risque de faire quelque chose qui irait contre ses intérêts sportifs. S'il va à Paris, c'est parce qu'il sent que sportivement il y a un intérêt. » Quant à Cristiano Ronaldo, interrogé par « Téléfoot » début 2014, il a rappelé qu'il se sentait heureux à Madrid et que son contrat courait jusqu'en juin 2018. « C'est fantastique d'être ici dans ce club. J'ai un contrat au Real jusqu'à mes trente-trois ans. Donc j'espère rester ici, je suis très heureux. » Un peu moins depuis quelques temps et une situation qui s'est tendue début 2015. Après une mauvaise passe, mi-mars, le Real mettait fin à une série de trois matchs sans victoire en battant Levante en championnat (2-0), mais les sifflets de Bernabeu ont agacé le portugais à tel point qu'il a fini par insulter le public. Chez les dirigeants madrilènes, la coupe est pleine... À commencer par Florentino Pérez qui a perdu patience. « J'en ai marre de lui », aurait-il déclaré selon des sources à l'intérieur même du club, interrogées par El Confidencial, un site d'informations espagnol. Un début de malaise qui pourrait profiter au PSG...

Mendes et Ronaldo, deux grands communicants travaillant en coulisses et qui ne dévoileront jamais rien de leurs projets. Ne rien laisser filtrer et toujours avoir un temps d'avance. Selon nos informations, le Real réfléchirait à l'idée de vendre le Portugais avant la fin de son contrat en 2016 ou 2017. Les 94 millions d'euros investis en 2009 pour l'achat du joueur largement amortis, les dirigeants madrilènes imaginent pouvoir le vendre à un bon prix. Rejoindra-t-il le championnat américain afin de s'offrir une fin de carrière à la Djorkaeff ou à la Henry ? En tout cas, un certain David Beckham est en train de créer un club... à Miami. Tellement de points communs entre les deux hommes, passés l'un et l'autre par Manchester

United et le Real… Beckham, président de Miami, et le Ballon d'or réunis après la Coupe du Monde 2018 et la fin de son contrat à Madrid, les deux dandys de la planète football dans l'une des villes les plus people au monde, l'histoire n'aurait rien de surprenant.

CONCLUSION

L'Euro 2016 et la Coupe du monde 2018 pour marquer définitivement l'histoire

Un gamin qui part de rien et qui arrive au sommet, cela sonne parfaitement, mais ce n'est pas l'histoire de Cristiano Ronaldo, issu d'une famille modeste, mais qui ne vivait pas dans la misère. Cristiano, l'enfant de Madère né à 4 kilomètres de Funchal, et marqué à vingt ans par la mort de son père, décédé en 2005 d'une tumeur au foie liée à l'alcoolisme. « Mon papa ne saura jamais ce que j'ai réussi dans la vie. » Un père qui n'était pas obsessionnel, qui n'a jamais vraiment mis la pression sur son fils pour qu'il devienne footballeur professionnel. Une famille aimante et une mère un peu plus axée sur les devoirs et l'école face à un fils turbulent en classe et qui ne rêvait que d'une chose : jouer au football. Fernão Sousa, son parrain, confirme dans *So Foot* : « Une fois à Noël, je lui ai offert une voiture téléguidée. N'importe quel gosse aurait été content, pas lui. Il la laissa de côté, sans jamais y toucher. Ce qu'il voulait, c'était un ballon. » Un petit garçon puis un ado déjà porté sur l'apparence. À douze, treize ans, Cristiano aimait déjà être bien habillé et coiffé pour sortir avec ses amis dans Lisbonne, solidaire, prêt à se battre pour défendre ses copains. Une personnalité très forte, une grande confiance en lui, résumées par Nuno Santos, son copain gardien de but de l'Académie du Sporting dès le plus jeune âge : « Quand Ronaldo arrivait à l'entraînement, il avait toujours des chemises très colorées ! Du coup, on en rigolait en lui disant que ses chemises lui allaient très bien, des chemises qui attiraient l'œil, et les gens se moquaient gentiment. Avec son caractère déjà bien affirmé, il nous répondait que la chemise devait lui plaire à lui et non aux autres. C'est avec cette personnalité qu'il a réussi à s'imposer. C'est ce qu'il est aujourd'hui. S'il n'avait pas cette personnalité, il aurait été écrasé par les autres, mais il ne s'est pas laissé faire. » Un apprenti footballeur qui apprend la haine de la défaite, quitte à pleurer par moments en match ou au centre de formation, quand il était petit et un jeune homme prêt à s'exercer au gymnase en pleine nuit, en cachette, pour atteindre son but. Dans *A Bola,* le 27 décembre 2013, quand il lui a été demandé s'il avait un joueur préféré, il répondit : « À part moi ? ! Je plaisante, je plaisante. Je n'ai pas de joueur préféré, balaie-t-il. Il y a des joueurs fantastiques, et j'aime jouer à leurs côtés. » Égocentrique, mais simple et accessible quand il rentre chez lui à Madère, cette île qui l'aura vu grandir en tant que sportif, mais où il aurait pu verser dans la drogue ou l'alcool à l'image de certains amis d'enfance. Le Cristiano d'hier, un jeune Portugais parti très tôt de chez lui et qui a dû se construire seul, est devenu un homme de responsabilités, un leader. Mais le chef de tribu d'aujourd'hui sait être bienveillant, à l'image des 60000 euros versés en mars 2014 à la famille d'un bébé de dix mois afin de financer son opération du cerveau. Pour Rui Costa, un autre grand sportif lusitanien, champion du monde de cyclisme, « Cristiano est un symbole pour le Portugal. Là où il passe, c'est un attroupement de milliers de personnes et c'est tout le pays qu'il emmène avec lui* ». En attendant, le plus grand Portugais du moment va encore un peu plus marquer l'histoire du football lusitanien, trois mois avant le début de la Coupe du monde 2014, un soir de mars à Leiria.

Au-dessus d'Eusébio et de Pauleta

Il y a de quoi être fier. Cristiano, devenu le héros de tout un pays et véritable icône portugaise, se souviendra toute sa vie de ce Portugal-Cameroun, disputé le 5 mars 2014 au stade Dr.-Magalhães-Pessoa. À égalité avec Pauleta avant le match (47 buts marqués par les deux attaquants en sélection), puis auteur d'un doublé face aux « Lions indomptables », Ronaldo est devenu ce soir-là le meilleur buteur de l'histoire de l'équipe du Portugal avec 49 réalisations (huit de plus qu'Eusébio)...

Ce simple match amical de préparation pour le Mondial 2014 est devenu historique en une fraction de seconde. Récit d'une consécration annoncée, d'un rassemblement où l'enfant chéri aura snobé les médias et assuré le strict minimum en rapport avec ses obligations de capitaine. Petit retour en arrière. Lundi après-midi : mais où est passé Cristiano Ronaldo ? La raison de son absence est pourtant toute naturelle. Comme souvent et afin de se reposer, l'attaquant madrilène sèche le premier entraînement de la Selecção, à quarante-huit heures de la rencontre. Le soir, à l'hôtel, est organisé un dîner avec les « héros de Riyad », la génération sacrée championne du monde des moins de vingt ans en Arabie Saoudite est venue souhaiter bonne chance à la sélection. Mardi 4 mars, veille de match, à 10 h 30, les choses sérieuses commencent enfin sur le terrain d'entraînement avec l'arrivée de Ronaldo, suivi de près par des caméras venues épier ses faits et gestes. Petit moment de détente pour l'attaquant du Real qui taquine son coéquipier au Real, Coentrão. L'humeur est badine, Cristiano Ronaldo se sent bien en sélection, vénéré, respecté et en confiance. 12 h 45, avec une quinzaine de minutes de retard, Paulo Bento arrive en salle de presse. Et tout tourne autour du record de buts inscrits en équipe nationale. Pour le sélectionneur lusitanien, « ce n'est qu'une question de temps ».

Au programme, ensuite, un communiqué de presse présentant le nouveau maillot de la Selecção (Nike) avec ce commentaire du Ballon d'or : « Il est beau, simple, avec des détails très design qui respectent la culture et l'histoire du Portugal... » Communication parfaitement maîtrisée comme d'habitude par un Ronaldo également sous contrat avec la marque américaine. Interrogé par le quotidien portugais *Record*, Pepe aborde ensuite les objectifs de la sélection lusitanienne, mais évoque également de manière très élogieuse son ami et son coéquipier au Real et en équipe nationale. Cela en deviendrait presque lassant. Quelqu'un a-t-il le droit de critiquer Ronaldo ou d'émettre quelques réserves de temps à autre ? « Quand j'ai grandi, on entendait beaucoup parler de Ronaldo *il Fenomeno* [le Brésilien], mais je crois qu'il n'existe pas d'adjectif spécifique pour définir ce que Cristiano a fait au Real Madrid. » Le jour J, mercredi 5 mars, toute l'attention des médias portugais est tournée vers cette rencontre qui va notamment opposer Cristiano Ronaldo à Samuel Eto'o avec un public au rendez-vous. Ce match amical, en semaine, et à Leiria, ne semblait pas attirer les foules, et pourtant la rencontre se joue sous le regard de 21 355 spectateurs, pratiquement à guichets fermés. Plus de 20 000 personnes sont venues voir le héros national battre le record de Pauleta. Et le moment tant attendu se produit à la 21e minute, avec le 48e but de Cristiano Ronaldo en équipe nationale, suivi du

49e en fin de rencontre... Le stade exulte. Sa sortie en toute fin de match est saluée par un stade fou de son capitaine. Ronaldo est souriant, heureux : 5-1 pour le Portugal et la meilleure manière de préparer la Coupe du monde se disent-ils. À la RTP, la télévision publique portugaise, après le match dans le couloir qui mène au vestiaire, l'attaquant du Real livre son ressenti. Empreint d'émotion ? Paradoxalement, pas vraiment. « Je savais que ça arriverait tout naturellement, mais la vérité, c'est que je ne cherche pas à battre des records. D'ailleurs, j'en ai déjà parlé avec Pauleta qui m'a félicité. Cela a une signification spéciale, car je joue en sélection depuis dix ans, et si je fais les choses correctement, tant mieux pour moi. » Froid, très sûr de lui, Ronaldo ne fera pas d'autre déclaration. Pas le moindre mot pour les autres journalistes portugais qui l'attendaient en zone mixte afin de relayer les propos du recordman. Le capitaine s'était déjà fait prier pour s'exprimer au micro de la RTP. Ronaldo fait ce qu'il veut et ne donne pas l'exemple. Quelques secondes d'interview en tout et pour tout en trois jours de rassemblement avec la sélection. Ses coéquipiers auront eux le respect de venir dire quelques mots aux journalistes présents pour l'occasion. Ronaldo pourrait-il se le permettre en France ? Non, le sélectionneur et le capitaine ont systématiquement des obligations médiatiques avant et après les matchs. Au lieu de profiter de l'événement et transmettre son émotion à la population portugaise à travers quelques bons mots lâchés aux médias lusitaniens, le Portugais file directement vers sa voiture pour rentrer le plus vite possible, accompagné de Pepe, Coentrão et Meireles. Le double Ballon d'or a un avion à prendre. Il est pressé. Un homme difficile à saisir : si ému lors de la remise du Ballon d'or 2013, hautain et condescendant lors de la remise de la Légion d'honneur portugaise et froid le jour où il est devenu meilleur buteur de l'histoire du Portugal... Une soirée historique, mais finalement un record qui n'a pas beaucoup d'importance à ses yeux. Comment être respecté de tous en se comportant de la sorte ? Qu'en pensent les journalistes lusitaniens ? « Ça ne nous étonne pas. On est habitués. » Dans le star-system, il y en a un qui rivalise pleinement avec lui : Samuel Eto'o, l'homme à l'ego démesuré. À l'image de Ronaldo, le capitaine des « Lions indomptables » ne s'arrêtera pas devant les journalistes. Au pays de Mourinho, la consigne avait été donnée d'éviter de l'interroger sur les propos polémiques de l'entraîneur de Chelsea quelques jours plus tôt[1]. La lourde défaite africaine face aux Portugais lui aura, au moins, permis de s'éclipser sans même une seule déclaration aux médias présents, venus d'Espagne et même de France pour discuter avec la star camerounaise.

1. Interrogé par l'un de ses sponsors qui lui demandait le 23 février 2014 devant les caméras de Canal+ si Chelsea était capable de gagner des titres de nouveau, l'entraîneur des Blues, José Mourinho, s'était montré dubitatif. « Non, non... Je ne crois pas... Il nous manque un attaquant. Samuel Eto'o ? Il a trente-deux ans, peut-être trente-cinq, je ne sais pas. »

Ronaldo-Eto'o, même combat... avec 118 sélections en équipe nationale. Ronaldo a désormais dépassé un autre joueur célèbre du football portugais, Fernando Couto, mais à 9 capes du recordman, Luís Figo, et ses 127 sélections. Portugal-Cameroun, un match amical sur le papier, mais historique pour un pays fan et fou amoureux de son icône.

Quatre ou cinq années devant lui...

Alors, à trente ans, que lui reste-t-il à accomplir ? Battre le record de Raul, meilleur buteur de l'histoire du Real avec 323 buts, mais surtout porter le Portugal au plus haut, à l'image d'un Diego Maradona lors de la Coupe du monde 1986, gagner une grande compétition à lui seul et faire en sorte d'amener la Selecção à la victoire en France lors du prochain championnat d'Europe en 2016 ou lors de la Coupe du monde 2018 en Russie. Robert Pirès, le lusophone, champion du monde 1998 et vainqueur de l'Euro 2000, sait de quoi il parle : « Il lui faut un titre mondial pour devenir une légende. J'aime beaucoup la sélection portugaise parce que mon père est portugais. Pour Messi ou Ronaldo, le prochain objectif est de gagner la Coupe du monde avec leur pays, mais pour l'instant la Selecção n'est pas favorite*. » Pour Régis Dupont, « la Selecção n'a jamais rien gagné, donc on est un peu injuste avec Ronaldo. Le Portugal n'a clairement pas l'effectif pour s'imposer. Avant 2000, le Portugal avait du mal dans les grandes compétitions internationales. Ils n'ont jamais eu de grand gardien, d'avant-centre de niveau international. C'est quasiment impossible d'avoir de bons résultats. Si Ronaldo était argentin ou brésilien ou français, il serait déjà champion du monde. Ronaldo a le même problème qu'Ibrahimovic en Suède* ». Le Portugal peut-il gagner un Mondial ou un Euro avec CR7 ? José Carlos Freitas, journaliste sportif au quotidien *Jornal Record*, y va de sa petite comparaison : « J'ai coutume de dire que l'on a déjà eu de meilleures sélections avec de grands joueurs. Celle de l'Euro 2004 était certainement la meilleure. Il y a aussi eu les équipes 2000 et 2002 qui se sont loupées, surtout la sélection 2002 au Japon et en Corée du Sud. Donc, ce n'est pas parce que l'on a dans nos rangs Cristiano Ronaldo que l'on va forcément gagner une grande compétition. On n'a pas beaucoup de solutions dans cette sélection. Et puis on parlait de "rénovation" avec l'envie de donner sa chance à la nouvelle génération, et à l'arrivée, on a repris les "anciens" comme Ricardo Carvalho, Danny, Ricardo Quaresma et Tiago. On doit faire avec ce que l'on a et ça devient compliqué. » International portugais et milieu de la Selecção, Miguel Veloso ne voit pas les choses de la même manière : « Si Cristiano ne gagne pas le Mondial, ça ne sera pas grave au vu de son palmarès, il a gagné d'autres titres comme la Ligue des champions. Maradona n'a pas gagné la C1 et pourtant, ça ne l'empêche pas d'être une légende du football. Ça sera la même chose pour Cristiano. » Ronaldo est-il capable d'amener la sélection en finale ? À l'Euro 2012, le Portugal a été éliminé par l'Espagne en demi-finale, mais n'a jamais été aussi proche du très haut niveau. Mais, à la différence d'Eusébio la légende du football portugais décédée à l'âge de soixante et onze ans, Cristiano Ronaldo sera toujours un homme controversé. En revanche, une victoire à l'Euro ou en Coupe du monde pourrait adoucir le regard des observateurs sur l'attaquant madrilène, un joueur au record exceptionnel : un footballeur qui a marqué des buts à toutes les minutes dans sa carrière, de la 1re à la 90e, un homme élu Meilleur footballeur ayant évolué en Angleterre depuis les années 1990 devant Cantona, Henry et Giggs, élu Joueur du siècle par la Fédération portugaise de football devant Eusebio et Figo. Malgré ses excentricités, son image, pour son football ou son amour du Portugal, on le déteste, on l'aime, mais il reste sans conteste un joueur qui aura marqué l'histoire du football malgré l'omniprésence de Lionel Messi. Pour Jorge Valdano, ancien directeur sportif du Real et champion du monde avec l'Argentine et Diego Maradona en 1986, « les grands joueurs ne sont pas comparables. Ronaldo est unique, au même titre que Di Stefano, Maradona, Messi, Pelé... Cependant, Cristiano Ronaldo me rappelle Di Stefano [ancien joueur du Real, Ballon d'or 1957 et 1959]. Alfredo Di

Stefano jouait sur tout le terrain et Cristiano est en train de se transformer en un joueur tout-terrain également. Ce n'est plus le joueur qu'il était à Manchester United, qui jouait contre la ligne de touche. Et comme Di Stefano, il marquait aussi des buts dans n'importe quelle position », déclarait l'Argentin au *10 Sport* fin 2013. Ronaldo, un joueur devenu mature qui a atteint sa plénitude à l'approche de la trentaine. La fin de carrière se rapproche, l'épilogue au côté de son ami, agent et confident Jorge Mendes qui a d'ailleurs anticipé la suite. « Dans mon portefeuille de joueurs, j'ai déjà le petit génie de demain, c'est mon filleul. Il s'appelle Cristiano Ronaldo Júnior, a trois ans et il est déjà très bon du droit et du gauche ! » expliquait-il avec humour, début 2014, au quotidien espagnol *ABC*. Ronaldo Senior et Mendes, deux hommes qui garderont en tête le plus important à l'avenir : gagner d'autres Ballons d'or et tacler Leo Messi dès que l'opportunité se présentera, à l'image de ces déclarations livrées par l'agent lusitanien : « Si Cristiano Ronaldo jouait au Barça, il marquerait 120 buts par an ! » Une rivalité entre le Barcelonais et le Madrilène qui aura de toute façon marqué l'histoire... Une certitude : derrière le footballeur arrogant et égoïste, hautain et égocentrique, il y a un vrai passionné qui remercie à longueur de temps ses anciens clubs, attaché à des valeurs et très apprécié en privé. L'homme aux deux visages. Cristiano Ronaldo, le joueur que l'on aime détester.

Les grandes dates

5 février 1985 : naissance à Funchal, île de Madère (Portugal)

1993-1995 : fait son entrée, à 8 ans, au FC Andorinha (Madère)

1995-1997 : entrée au Clube Desportivo Nacional (Madère)

1997 : quitte l'île de Madère pour Lisbonne, à l'âge de 12 ans

1997-2003 : entrée au Sporting Clube de Portugal

Saison 2001-2002 : rencontre Jorge Mendes, son agent

Août 2003 : signe à Manchester United, découvre sir Alex Ferguson et prend le mythique numéro 7

20 août 2003 : 1re sélection – (Chaves) Portugal-Kazakhstan (1-0)

2004 : vainqueur de la Coupe d'Angleterre (Manchester United), finaliste de l'Euro 2004 (Portugal)

Septembre 2005 : décès de José Dinis Aveiro, son père

2008 : Ballon d'or, joueur Fifa et vainqueur de la C1 (Manchester United)

2008 : meilleur buteur du championnat d'Angleterre (Manchester United)

2007, 2008 et 2009 : champion d'Angleterre (Manchester United)

26 juin 2009 : quitte Manchester United pour le Real Madrid

28 mai 2010 : Mourinho devient son entraîneur au Real Madrid

2011 : meilleur buteur du championnat d'Espagne, vainqueur de la Coupe d'Espagne (Real Madrid)

2012 : champion d'Espagne (Real Madrid)

2013 : deuxième Ballon d'or (Real Madrid)

20 janvier 2014 : remise de la Légion d'honneur par le président de la République portugaise

2014 : troisième Ballon d'or (Real Madrid) et vainqueur de la C1

5 avril 2015 : premier quintuplé en carrière de Ronaldo lors de Real-Grenade (9-1)

Dates des interviews réalisées par les auteurs

Luís Aguilar	24 février 2014
Hugo Almeida	19 décembre 2013
Diogo Andrade	27 février 2015
Iván Balliu	5 mars 2015
David Bellion	27 février 2014
Bruno de Carvalho	13 janvier 2014
Christophe Chenut	4 décembre 2013
Rui Costa	10 mars 2014
Jacques Crevoisier	5 décembre 2013
Régis Dupont	22 février 2014
Fabinho	14 mars 2014
Nuno Farinha	30 janvier 2014
Sergio Fernández	12 mars 2014
Francisco Filho	1er février 2014
José Carlos Freitas	27 février 2015
Hugo Gilberto	17 janvier 2014
Eduardo Gonçalves	21 février 2014
Jean-Marie Goussard	14 janvier 2014
Emídio Guerreiro	14 janvier 2014
Arnaud Hermant	4 mars 2015
Gérard Houllier	4 février 2014

Zlatan Ibrahimović	14 février 2014
Salomon Kalou	22 décembre 2013
Thibaud Leplat	24 janvier 2014
Laurent Lipari	11 décembre 2013
Anthony Lopes	19 janvier 2014
Miguel Lopes	24 février 2014
Pedro Marques	7 janvier 2014
Maor Melikson	22 janvier 2014
Jean-Pierre de Mondenard	5 décembre 2013
Thiago Motta	31 janvier 2014
Lucas Moura	22 décembre 2013
Grégory Nowak	30 janvier 2014
Mark Ogden	25 février 2014
Nélson Oliveira	24 janvier 2014
Paíto	26 mars 2014
Aurélio Pereira	20 janvier 2014
Robert Pirès	31 janvier 2014
Wilson Sanches Leal	8 janvier 2014
Nuno Santos	24 février 2015
Miguel Veloso	6 mars 2014
Nicolas Vilas	9 décembre 2013
Jeremy Wilson	25 février 2014

Remerciements

Remerciements intervenants

Les auteurs tiennent à remercier :
Luís Aguilar, auteur de plusieurs ouvrages dont Jogada Ilegal et El Portugués – a biografia de Paulo Futre; Hugo Almeida, ancien joueur du Besiktas et international portugais; David Bellion, ancien joueur de Manchester United (2003-2006); Bruno de Carvalho, président du Sporting Clube de Portugal; Christophe Chenut, ancien directeur général du groupe *L'Équipe*; Rui Costa, champion du monde portugais de cyclisme 2013; Jacques Crevoisier, consultant Canal+; Régis Dupont, journaliste à *L'Équipe*; Nuno Farinha, journaliste portugais (Jornal Record); Sergio Fernández, journaliste espagnol (*Marca*); Francisco Filho, ancien entraîneur adjoint de Manchester United; Hugo Gilberto, journaliste portugais (RTP); Eduardo Gonçalves, journaliste portugais (Antena 1); Jean-Marie Goussard, journaliste-reporter Canal+, Gérard Houllier, ancien sélectionneur de l'équipe de France (1992-1993); Thibaud Leplat, auteur du livre Le Cas Mourinho; Laurent Lipari, directeur de l'agence United Players; Anthony Lopes, gardien de l'OL et

international portugais ; Miguel Lopes, joueur du Sporting CP et international portugais ; Pedro Marques, ancien joueur du Sporting CP et du Real Madrid ; Maor Melikson, ancien joueur de Valenciennes et international israélien ; Eric Mendes, journaliste indépendant ; Jean-Pierre de Mondenard, médecin du sport et spécialiste des questions de dopage ; Thiago Motta, joueur du Paris Saint-Germain ; Lucas Moura, joueur du Paris Saint-Germain ; Grégory Nowak, journaliste-rédacteur en chef Canal+ ; Mark Ogden, journaliste anglais (*The Telegraph*) ; Nélson Oliveira, ancien joueur du Stade Rennais et international portugais ; Paíto, ancien joueur du Sporting CP (2001-2006) ; Robert Pirès, ancien international français ; Wilson Sanches Leal, ancien joueur professionnel et international des moins de dix-sept ans avec le Portugal ; Jérôme Touboul, journaliste à *L'Équipe* ; Alexandre Pedro, journaliste à So Foot ; Miguel Veloso, joueur du Dynamo Kiev et international portugais ; Nicolas Vilas, journaliste RMC ; Jeremy Wilson, journaliste anglais (*The Telegraph*) ; José Carlos Freitas, journaliste portugais (*Jornal Record*) ; Diogo Andrade, ancien joueur et international des moins de quinze ans avec le Portugal ; Nuno Santos, ancien gardien du Sporting CP ; Iván Balliu, ancien joueur du FC Barcelone et à toutes les personnes qui ont préféré garder l'anonymat.

Merci à Jean-Louis Hocq, Benoît Bontout et Chloé Herbin pour leurs conseils et la confiance témoignée.

Remerciements Antoine Grynbaum
À ma petite championne,
À ma mère,
À mon père,
À mon coauteur, un confrère de grande valeur et avec lequel j'ai été heureux de partager cette aventure.

Remerciements Marco Martins
À ma mère et mon père, qui m'ont toujours soutenu et cru en moi. Sans vous, je n'aurais pas pu réaliser tout ce que j'ai fait tout au long de ces années,
À toute ma famille, pour le soutien qu'elle m'a apporté,
À Mathieu, un ami fidèle qui a été présent à chaque fois que j'ai eu besoin de lui,
À Susete, une amie sur qui je peux toujours compter, et bienvenue à la petite Emma,
À Manuel Alexandre, à Miguel et à António, ceux qui m'ont donné ma chance dans le métier,
À mon coauteur, celui sans qui ce projet n'aura pas été possible. Merci de ta confiance et de m'avoir supporté. Ce fut un plaisir de travailler avec toi,
Et à tous mes ami(e)s qui ont toujours été à mes côtés.

Bibliographie

Antoine Grynbaum :

Président Platini, éditions Grasset, 2014.

La Face cachée du sport, éditions Gawsewitch, 2012.

Foot et politique, les liaisons dangereuses, éditions Gawsewitch, 2010.

Table des matières

Cet ouvrage a été imprimé en France par

CPI
FIRMIN-DIDOT

à Mesnil-sur-l'Estrée (EURE)
en mai 2015

MIXTE
Issu de sources responsables
FSC
www.fsc.org
FSC® C003309

Composition et mise en pages
Nord Compo à Villeneuve-d'Ascq

N° d'impression : 128220
Dépôt légal : mai 2015